社会科授業サポートBOOKS

6つの視点で授業改善！
主体的・対話的で深い学びを実現する
小学校社会科授業プラン

平川公明 著

明治図書

は じ め に

社会科の授業が，次のような状況になることはありませんか？

a　集中していない子，眠そうにしている子が目立つ。

b　教師と子どもの一問一答ばかりが続く。

c　自分の考えを書くように指示しても，ほとんどの子が何も書けない。

一方，どうでしょう？　次のような授業をしたいとは思いませんか？

A　子どもが学習問題に関心をもち，進んで問題解決に取り組む授業。

B　子どもが知恵を寄せ合い活発に議論する授業。

C　調べたことを関連づけて考え，学習問題を解決する授業。

本書のタイトルにもある「主体的・対話的で深い学び」を目指した授業改善とは，上のa〜cのような状況を克服し，A（主体的な学び），B（対話的な学び），C（深い学び）のような授業を実現させようとする，ごくごく普通の日常的な取り組みです。今注目の新しい用語ではありますが，決して新しい学びや特別な授業改善を求めるものではありません。

しかし，みなさんもご存知の通り，社会科の授業づくりには，そもそも他の教科とは少し異なる独特の難しさがあります。教科書を見ても授業展開がなかなかイメージできませんし，地域の実態に合わせて教材や学習内容も考えなければなりません。

本書は，そんな社会科の授業づくりに悩んでいる先生方に少しでも参考になればと思い執筆したものです。わたしが特に気をつけている6つの視点と30年間試行錯誤を積み重ねてきた授業実践の概要が記されています。拙い内容ではありますが，主体的・対話的で深い学び，そして，楽しい社会科授業に対する先生方のイメージが膨らみ，今後の授業改善につながれば幸いです。

平成30年8月

平川　公明

CONTENTS

はじめに　002

第1章
主体的・対話的で深い学びを実現するための6つの視点

1　主体的・対話的で深い学びを実現するために　006

2　実現するための6つの視点

視点1
なぜ？どのように？どっち？の学習問題　008

視点2
学習問題発見に誘う驚きの演出　012

視点3
予想を絞り込む話し合い　016

視点4
内容を実感させる体験的な活動　020

視点5
思考を整理する"見える化"　024

視点6
プラスαの学びへの働きかけ　028

003

第2章
6つの視点で授業改善！
主体的・対話的で深い学びの実践例

第3学年

● 学校のまわり ……………………………………… 視点4 032

● 工場の仕事 ……………………………………… 視点6 036

● 店ではたらく人 ……………………………………… 視点6 040

● 火事からくらしを守る ……………………………… 視点5 044

● 交通事故からくらしを守る ………………………… 視点3 048

第4学年

● 水はどこから ……………………………………… 視点6 052

● ごみの処理と利用 ………………………………… 視点5 056

● 地震からくらしを守る ……………………………… 視点5 060

● のこしたいもの，つたえたいもの ………………… 視点2 064

● 特色ある地域と人々のくらし~城を守るまち・弘前市~ …… 視点3 068

第5学年

● 世界の中の国土 …………………………………… 視点2 072

- あたたかい土地のくらし〜沖縄島〜 ……………… 視点3 076
- 米づくりのさかんな地域 …………………………… 視点6 080
- 果物づくりのさかんな地域 ………………………… 視点6 084
- これからの食料生産とわたしたち ………………… 視点5 088
- 自動車をつくる工業 ………………………………… 視点4 092
- わたしたちの生活と森林 …………………………… 視点4 096
- 情報産業とわたしたちのくらし …………………… 視点2 100

第6学年

- 子育て支援の願いを実現する政治 ………………… 視点2 104
- 縄文のむらから古墳のくにへ ……………………… 視点4 108
- 武士の世の中へ ……………………………………… 視点6 112
- 今に伝わる室町文化 ………………………………… 視点2 116
- 江戸幕府と政治の安定 ……………………………… 視点5 120
- 町人の文化と新しい学問 …………………………… 視点3 124
- 世界に歩み出した日本 ……………………………… 視点4 128
- 新しい日本，平和な日本へ ………………………… 視点3 132

第1章 主体的・対話的で深い学びを実現するための6つの視点

● 1　主体的・対話的で深い学びを実現するために

　最初に、「主体的・対話的で深い学び」とはどういったものなのか、その確認を簡単にしておきたいと思います。

　新学習指導要領では、新しい時代に必要となる資質・能力を「生きて働く知識・技能」「未知の状況にも対応できる思考力・判断力・表現力等」「学びを人生や社会に生かそうとする学びに向かう力・人間性等」の3点に整理しました。そして、これらの資質・能力を育成するため、授業改善の視点として、「主体的・対話的で深い学び」を位置づけました。我々とすれば、単元の授業後の評価項目として次の3点が示されたと考えればよいでしょう。

> 1　学ぶことに興味や関心を持ち、自己のキャリア形成の方向性と関連付けながら、見通しをもって粘り強く取り組み、自己の学習活動を振り返って次につなげる「主体的な学び」が実現できているか。
>
> 2　子供同士の協働、教職員や地域の人との対話、先哲の考え方を手掛かりに考えること等を通じ、自己の考えを広げ深める「対話的な学び」が実現できているか。
>
> 3　習得・活用・探究という学びの過程の中で、各教科等の特質に応じた「見方・考え方」を働かせながら、知識を相互に関連付けてより深く理解したり、情報を精査して考えを形成したり、問題を見いだして解決策を考えたり、思いや考えを基に創造したりすることに向かう「深い学び」が実現できているか。
>
> （文部科学省「新しい学習指導要領の考え方」p.22より）

　さて、ここからが本書の本題です。社会科の単元終了後、この評価項目にYesの回答を書き込むためには、どのように授業づくりを進めればよいのでしょう。まずは基本となる3点を確認したいと思います。

これまでも、これからも問題解決的な学習

　社会科では、これまでもこれからも、教師の指導のもと子どもが自ら学習問題を発見し解決していく問題解決的な学習が基本となります。学習指導要領の解説をもとに授業づくりを行えば、自ずと問題解決的な学習となります。

わたしは，社会科の問題解決的な学習を以下の学習過程で展開しています。
1　学習問題を発見・設定する。
2　予想を立て，話し合いにより追究の見通しをもつ。
3　調べる。
4　調べたことを整理・分析して予想が正しかったか考える。
5　まとめる。

子ども主体の授業づくり

　問題解決的な学習を展開するにあたって最も大切なのは，教師がねらいを定め展開を構想した授業ではありますが，子どもにはできるだけそれを感じさせず，自分たちが設定した学習問題を自分たちの手で解決しているという手ごたえを感じさせることです。

　そのためには，子どもがどう考えるか，子どもの立場に立ってその思考を予測し，それに沿って授業展開を考えることが必要になります。いわゆる，子ども主体の授業づくりです。「この資料を提示したら，どんな反応を示すだろう」「この疑問をもたせるためには，どんな活動をさせればよいだろう」というように，子どもの思考を予想しながら，授業のねらいに迫るための手立てを考えていきます。「あれも教えたい。これも教えたい」と，一方的に教師の都合で授業づくりを行っていたのでは，問題解決的な学習にならないので注意が必要です。

単元全体の流れを考えて

　社会科では，1時間ごとに授業展開を考えるのではなく，1単元分の流れを考えるようにします。他の教科と同じように，数分で学習問題を発見・設定し，1時間でまとめまで進むこともありますし，1時間かけて問題を発見し，解決までに10時間かけることもあります。その点，自由に構想できるのが社会科の授業づくりの楽しさです。「主体的・対話的で深い学び」も，毎時間実現を目指すのではなく，単元をとおして実現を目指すようにします。

● 2　実現するための6つの視点

視点 1　なぜ？どのように？どっち？の学習問題

　みなさんは，黒板に書かれた学習問題を子どもの側から見つめ直してみたことがありますか。例えば，「新聞社の工夫や努力について調べよう」という学習問題。教師の側から見れば，情報を発信するまでの新聞社の工夫や努力を理解させようとする問題です。しかし，子どもの側から見てみるとどうでしょう。「新聞社の工夫や努力」と言われても，あまりにも漠然としていて何から調べたらいいのかわかりません。それに，どのくらい調べたらいいのかそのゴールもイメージできません。

　社会科の授業では，学習問題が特に重要です。学習内容も学びの質もほとんど学習問題で決まると言っても言い過ぎではないでしょう。ここでは，どのような学習問題が主体的・対話的で深い学びの実現につながるのか，そのポイントを具体的に考えていきたいと思います。

主体的・対話的で深い学びの実現ポイント

① 　学習問題は呼びかけ文ではなく疑問文に
　社会科の学習問題は，その文章表現に着目して分類すると次の2つに分けられます。

　　ア　呼びかけ文…本時に（本単元で）行う学習活動を明示している。
　　　例）「新聞社の工夫や努力について調べよう」
　　　　　「これからの日本の食料生産について考えよう」
　　イ　疑問文…本時に（本単元で）解決を目指す問題を明示している。
　　　例）「なぜ，新聞社は毎日15万字もの情報を発信することができるのだろう」
　　　　　「平安時代の貴族は，どのような暮らしをしていたのだろう」
　教科書に書かれている学習問題は，ほとんど疑問文ですが，実際の授業を

見ると，呼びかけ文の学習問題も少なくないようです。

しかし，**社会科で問題解決的な学習を展開するのであれば，学習問題は呼びかけ文ではなく疑問文にするべきです。**その理由は，２つあります。

第一の理由は，疑問文の学習問題ならば，子どもはその疑問文をそのまま用いて解決まで問い続けることができますが，呼びかけ文ではそれができないからです。例えば，「なぜ，新聞社は毎日15万字もの情報を発信することができるのだろう」という疑問文の学習問題を設定したとします。通常，学習問題は板書されるものですし，ノートにも書かれるはずです。この場合，子どもは予想を立てる時も見学する時も，終始「なぜ，15万字も？」と問い続けながら学習を進めることができます。解決すべき問題が常に明確に示されているので，子どもも安心して主体的に追究することができます。一方，「新聞社の工夫や努力について調べよう」という呼びかけ文の学習問題を設定した場合はどうでしょう。「調べよう」と書かれているだけで，「予想を立てよう」とも「考えよう」とも書かれていないので，何を予想すればよいのか，何を考えればよいのかはっきりしません。その都度，教師の発問が必要になるので，子どもの学習態度はどうしても受け身になってしまいます。

第二の理由は，呼びかけ文の学習問題には，「ゴールが見えない」という問題があるからです。先ほども述べましたが，「調べよう」「考えよう」という学習問題では，いったいどの程度調べたり考えたりすれば学習を終えることができるのか，子どもは見通しをもつことができません。一方，疑問文の学習問題であれば，その疑問の解決という学習のゴールが明確です。したがって，見通しをもって学習に取り組めますし，問題が解決した時には達成感を味わうこともできます。

「調べよう」「考えよう」といった呼びかけ文の学習問題は，語感的に前向きなイメージがあるので，一見子どもの主体的な学びを促すような感じがします。それに，実際に他の教科では有効な場合がたくさんあります。しかし，社会科では，疑問文形式の学習問題を設定した方が，子どもの主体的・対話的で深い学びを促すことができるのです。

② 学習問題は「なぜ?」「どのように?」「どっち?」

　情報をよく英語で５Ｗ１Ｈに分類しますが，**社会科の学習問題は基本的には Why?（なぜ?）と How?（どのように?）が効果的です。**

　なぜなら，これらの問いは他の When?（いつ?）Where?（どこで?）Who?（誰が?）What?（何を?）とは異なり，解答が説明になる問いだからです。説明するためには，社会的事象の見方・考え方を働かせることが必要になりますし，対話も必要になってきます。つまり，学習問題を「なぜ?」や「どのように?」にすることで，自ずと対話的で深い学びが求められることになるのです。例えば，「日本の工業地域や地帯はどこにあるのだろう」という学習問題を設定しても，「愛知県に中京工業地帯があります」という発言からは対話は生まれません。一方，「なぜ，太平洋ベルトに工業地帯や地域が集まっているのだろう」という学習問題を設定するとどうでしょう。「太平洋に面していて輸送に便利だからだと思います」「輸送だけでなく地形を調べてみたら，このあたりは平野が広がっていました」というように，その説明のためには，様々な側面を他の地域と比較して考えることが必要になってきますし，もちろん対話も生まれます。

　更に，「なぜ?」と「どのように?」の学習問題には，他の場面に応用・活用できる知識が得られるというよさがあります。先ほどの例で言えば，「愛知県には中京工業地帯がある」という知識は，愛知県の工業地帯を答える時にしか使えない知識です。しかし，「海に面した平野で交通の便利な場所には，工場が集まりやすい」という知識は，世界地理で外国の工業地帯を説明する際にも活用できますし，これからどこの地域の工業が発達するか将来の予想にも応用できます。

　なお，「なぜ?」と「どのように?」ほど活用頻度は高くありませんが，**Which?（どっち?）も学習問題として効果的です。**「祭りのやり方は，人々の希望に合わせて変えるべきか，変えないべきか」「スーパーマーケットのレジ袋は有料にすべきか，しないべきか」など，社会の論争問題を学習問題とし子どもに議論させる授業も，対話的で深い学びにつながります。

③ 少しの背伸びと具体化・焦点化

　他にも，学習問題を構想する際には，次の3点に留意することが大切です。

ア　少し背伸びさせるような，ほんの少しだけ難しい学習問題に。

　　教科書を読めばすぐに答えられるような簡単な学習問題だと対話も深く考えることも必要なくなってしまいます。ほんの少し難しい問題だからこそ，子どもは張り切って解決に向かうのです。

イ　できるだけ具体的な事柄を問う学習問題に。

　　「自動車工場では」という主語よりも「トヨタ自動車の工場では」とした方が，子どもは会社による違いに混乱することなく学習を進めることができます。

ウ　できるだけ焦点を絞った学習問題に。

　　焦点を絞るからこそ深い学びも実現できるのです。例えば，沖縄の農業よりも小菊生産を学習問題とした方が，対象が絞られている分，温暖な気候を生かしている農家の姿を鮮明に理解させることができます。

授業改善　Before → After

Before ➡ 教師がたくさん指示・発問する授業。
After ⇨ 必要最小限の指示・発問で授業が展開できるようになる。

　解決を目指す学習問題が曖昧なのは，授業のねらいがはっきりしていないことの表れです。したがって，教師も「あれも大事，これも大事」と言ってその都度様々な指示・発問をしますし，子どももそれを待って学習を進めざるをえなくなります。主体的な学びとはほど遠い状況です。

　適切な学習問題を設定すれば，必要最小限の指示・発問で子どもは自信をもって問題解決に向かえるようになります。教師は，その子どもの追究をかたわらで支援すればよいのです。なお，本書で紹介する授業プランでの学習問題も，全て視点1を意識して作成しています。

第1章　主体的・対話的で深い学びを実現するための6つの視点●011

視点2　学習問題発見に誘う驚きの演出

　先生から「調べなさい」「考えなさい」と指示された問題と，子ども自身が「知りたい」「解決したい」と考えて設定した問題，子どもが進んで学習に取り組むのはどちらだと思いますか？

　たとえ視点1のとおり適切な学習問題を構想したとしても，それを教師が一方的に提示するのでは，主体的な学びの実現は望めません。なぜなら，それがどんなに吟味を重ねた問題だとしても，子どもにとっては先生から指示されたものでしかないからです。

　そこで必要となるのが，教師が構想した学習問題（問題意識）を子どもに見つけさせる（感じさせる）ための導入です。ここでは導入段階の授業改善を具体的に考えていきたいと思います。

主体的・対話的で深い学びの実現ポイント

① 「学習問題を見つけさせる」とは

　「学習問題を見つけさせる」とは，教師がどんな学習問題を計画しているのか，教師の構想やねらいを子どもに推し量らせて，当てさせることではありません。**教師が構想した学習問題と同じ内容の問題意識が子どもの中に芽生えるよう，授業を展開することです。**

　例えば，わたしは5年「自動車をつくる工業」の授業を前に教材研究の段階で，「なぜ，トヨタ自動車の工場では，たくさんの自動車を生産することができるのだろう」という学習問題を構想しました。そして，1時間の導入授業を次のように展開しました。なお，（　）内は子どもの主な反応です。

1　トヨタ自動車のサイトでプリウスという車種の3Dシミュレーションを体験させ，自分だったらどんな自動車を注文するかつくらせる。（「いろいろ選べて楽しい！」「うちの班の注文は，みんな個性的だよ！」）

2　ワイパーを見せ，自動車１台が何個の部品でできているか考えさせる。（「３万個もあるなんてびっくり！」「組み立てるのがたいへんそう」）

3　自動車工場の航空写真を見せ，この工場で自動車が１日に何台生産されているか予想させる。（「１台だと思う」「３台」「５台」）

4　１年間の生産台数が48万台だということを伝え，１日あたりの生産台数を計算させる。（「ええ！　１日に1300台！　そんなに多いの？」「何でそんなにたくさんつくれるの？」）

5　学習問題を考えさせる。

最後の 5 で，わたしが「これから何を学習したいですか？」と問うと，子どもから，「なぜ，そんなにたくさんの自動車を生産できるのか調べたいです」という意見が出され，それを学習問題にして追究していくことになりました。

既に明らかなとおり，この授業で子どもが設定した学習問題は，教師が構想した学習問題と一致しています。それは，教師が 1 ～ 4 の活動を通して，自分の構想と同じ問題意識が子どもの中に芽生えるように仕向けたからです。つまり，教師が子どもに学習問題を見つけさせたのです。

一方，子どもの側から見れば，この学習問題は自分たちが見つけた問題ですから，「どうしてだろう!?」というワクワク感にあふれています。なので，実際の授業でも，最後まで子どもが主体的に追究する姿が見られました。

学習問題を「提示するもの」から「見つけさせるもの」へ，主体的な学びを実現させる授業改善の大切なポイントだと思います。

② 学習問題のもとは子どもの認識と事実とのギャップ

子どもに学習問題を見つけさせる鍵は，子どもの認識と事実とのギャップにあります。このギャップが大きければ大きいほど，その事実と出会った時の子どもの驚きは大きくなり，問題意識が明確になるからです。

例えば，先ほどの授業の 4 の活動で，子どもの中に問題意識が芽生えたのは，「３万個の部品を組み立てるのであれば，１日に完成させられるのは

せいぜい1〜5台」という子どもの認識が「1300台生産している」という事実によって大きく覆されたからです。その時の「ええ！　そんなにたくさん！」という驚きが，「どうしてそんなことが可能なのだろう？」という問題意識につながったことは，容易に想像できるでしょう。

　したがって，授業の導入を考える際には，次の3点をセットで考え，検討することがその第一歩となります。

　ア　授業のねらいや教材に関わって，子どもはどんな間違った認識をもっているか。

　イ　その間違った認識をどんな事実で覆すか。

　ウ　その事実との出会いにより，子どもにどんな学習問題を見つけさせることができるか。

　このア〜ウを先ほどの授業に当てはめて考えると，以下のようになります。

　ア　自動車工場の1日の生産台数はとても少ないと，子どもは間違って認識しているだろう。

　イ　1日に1300台生産されているという事実は，その間違った認識を大きく覆すに違いない。

　ウ　その事実を知らせれば，「なぜ，そんなにたくさん生産できるのか？」という学習問題を見つけさせることができる。

　実際の授業づくりでは，アの間違った認識をできるだけ多く想定しながら，イのそれを覆す事実を探し求め，その都度ウの学習問題を思い描くということを繰り返すことになります。教材研究の醍醐味ではありますが，先行実践のアイディアを参考にするのも効果的な方法だと思います。

③　驚きの出会いを演出する

　先ほどの授業を，もし 3 の活動から始めていたら，子どもに学習問題を見つけさせることができたでしょうか。わたしは，おそらく難しかっただろうと考えます。なぜなら，いきなり「1日に何台生産されていると思う？」と問えば，あてずっぽうに「1000台！」「2000台！」と答える子どもが必ずいるからです。そのような状況で，1300台という事実に出会っても大きな驚

きは生まれなかったでしょう。

1や2の活動を取り入れたのは，3での子どもの予想をできるだけ少ない台数に押さえ，4での驚きや衝撃を大きなものにするためです。1でお客さんの注文は様々だということを，2で部品数が膨大だということを理解させ，自動車生産がとても複雑な作業だというようにイメージさせました。だからこそ，実際の授業でも3での予想が1～5台に押さえられ，その分，4での驚きが大きくなったのです。

このように，認識と事実とのギャップを際立たせるための手立ては，学習問題につながる驚きの出会いを演出する上で必要不可欠です。子どもの主体性を引き出す教師は，例外なくこの演出が上手です。

授業改善　Before → After

Before ➡ 教師が指示しないと子どもの追究が始まらない授業。
After ➡ 学習問題設定後，子どもが自然に予想や考えをつぶやき始める。

教師が学習問題を一方的に提示したからといって，子どもが学習に真面目に取り組まなくなったり，集中しなくなったりするわけではありません。だからなのか，そのことに問題意識を感じる教師は意外に少ないようです。

しかし，教師が学習問題を提示した後の子どもの様子に注目してみてください。そのような授業では，教師の方に目を向けて，次の指示をじっと待っている子が多いと思います。決して，主体的とは言えない姿です。

驚きの演出で子どもに学習問題を発見させると，教師の指示を待たずして，子どもが勝手につぶやき始めることが多くなります。「機械だよ。きっと機械を使っているんだ」思わず予想を口にしてしまう子，「そうじゃなくて，人数が多いんじゃないの？」話し合いを始めてしまう子もいます。教師の存在そっちのけで，追究の世界に入り込んでいるのでしょう。そこには，主体的な学びをスタートさせた子どもの姿があります。

第1章　主体的・対話的で深い学びを実現するための6つの視点　015

視点3 予想を絞り込む話し合い

　学習問題を設定した後は，仮説を立てる段階です。ここではあえて「予想」ではなく「仮説」と表現しました。みなさんの授業は，子どもが予想を立てて発表するところで終わっていませんか？　そこからもう一歩踏み込み，お互いの予想を吟味・検討し合い学級全体の仮説にまで高めるようにすると，子どもは，「きっと～に違いない。確かめてみよう！」といった見通しをもってその後の追究に取り組むようになります。

　ここでは，対話的な学びの見せ場となるこの段階の進め方をできるだけ具体的に明らかにしていきたいと思います。

 主体的・対話的で深い学びの実現ポイント

① 学習したことや経験したことをもとに予想を立てさせる

　学習問題設定後は，まず個人で自分の予想をノートに書かせます。見当違いな予想を立てる子どもも多いとは思いますが，この段階での指導は特に必要ありません。この後の話し合いの中で，子ども同士教え合い学び合って修正させるようにします。

　予想のもとになるのは，一人ひとりの子どもがこれまでに学習したことや経験したことです。そこで，なかなか予想が書けない子に対しては，それらを思い起こさせるような働きかけをします。例えば，「もしも～だったら……」といったif-thenの発問はこのような場合に有効です。わたしは６年「町人の文化と新しい学問」の学習で，「なぜ，『東海道五十三次』が当時の町人の間で大ヒットしたのだろう」という学習問題を設定させ，その予想を立てさせる際に，「もしもみなさんが当時の町人だったら，どんな場合に浮世絵を買いますか？」と発問しました。すると，それまで予想を書けなかった子どもたちが「安かったから」「お小遣いにゆとりがあったから」「流行し

ていたから」などと、予想を書き始めたのです。教師の発問で自分の買い物経験を思い起こせば予想できることに気づいたのでしょう。それまで苦虫をつぶすような表情をしていた子どもが、ぱっとひらめいた表情でノートに向かい始めました。

　なお、授業を構想する段階で、「この学習問題では、ほとんどの子どもが予想を立てられないだろうな」「問題解決につながる予想は期待できないな」と思われることもあると思います。つまり、子どもの側にその問題を解決するための知識や経験が足りない場合です。そんな時、わたしは、次の3つのいずれかを選択するようにしています。

　ア　子どもの実態に合わないと考え、学習問題自体を見直す。

　イ　予想を立てる段階で1つ資料を提示して、その資料をもとに予想を立てさせる。　例）年表を見せながら予想を立てさせる。

　ウ　学習問題設定前に、予想を立てるために必要な知識や経験を補う学習活動を行わせる。　例）体験的な活動をさせてから学習問題を設定する。

② **反対意見とつなげる意見で予想を絞り込んでいく**

　個人で予想を立てたら、いよいよ**予想を絞り込み仮説へと高めていく話し合いの場面**です。わたしはこの話し合いを、次の4段階で進めています。

1　どのような予想を立てたか、ノートに書いたことを発表させる（アの予想、イの予想、ウの予想……と、全て板書していく）。

2　他の人が立てた予想に対して、反対意見や賛成意見、質問がないか考えさせる。また、似ている予想やつなげられる予想がないか考えさせる（近くにいる人と相談させながら、「発表したい！」という気持ちが高まるまでほんの1、2分間考えさせる）。

3　反対意見や賛成意見、質問、予想をつなげる意見を発表させ、予想を絞らせる（間違いがはっきりした予想や他の予想とつなげられた予想は、アイウの記号を消すようにする）。

4　ある程度予想が絞り込まれたら（仮説が立てられたら）、どの仮説を支持するか挙手などで意思表示させる。

第1章　主体的・対話的で深い学びを実現するための6つの視点●017

なお，この話し合いで目指しているのは，間違いのない明確な仮説を立てさせることではありません。子どもの力でできるだけ予想を絞り込ませ，「きっと〜に違いない。確かめてみよう！」という追究の見通しをもたせることです。ですので，話し合いの結果，間違った仮説が残っていることも当然ありますし，場合によっては正しい仮説がない場合もあります。問題解決につながる何らかの糸口がそこに含まれていればよしとして，授業のねらいや児童の実態に応じて話し合いの切り上げ時を見極めてください。

　実際の指導に当たっては，次の３点に留意する必要があります。

　ア　反対意見とつなげる意見を中心に話し合いを進めるようにします。そのために，わたしは個々の予想を「○○さんの予想」ではなく「アの予想」「イの予想」と言い換えて反対意見を言いやすくしています。「小学生だから……」と反対意見を避けようとする先生もいますが，わたしは，反対意見を言い合える学級経営が，対話的な学びには必要不可欠だと思っています。

　イ　他の意見に対して「同じです」「賛成です」という反応で終わらせないようします。たとえ同じ内容の意見であっても，何人か少しずつ違う言葉で説明させていくうちに，大切なキーワードが出てくることがよくあるからです。「今の意見にわたしも賛成で，〜だと思います。なぜかというと……」というように言い直させるようにしましょう。

　ウ　話し合いでの教師の主な役割は，話し合いの焦点を明確に示すことです。アの予想について意見が出されたら，そこに意見が集中するように話し合いを進行します。

　ちなみに，授業で無理に「仮説」という言葉を使う必要はありません。わたしも子どもには，「予想を絞り込もう」「学級全体の予想」というような表現で話しています。

③　話し合いの行き詰まりを解消する資料提示

　予想を絞り込む話し合いは，あくまでも仮定の話をもとにしたものなので，堂々巡りを繰り返すことや行き詰まることがよくあります。ある程度絞り込

みがなされていれば，そこで次の段階に進めばよいのですが，もう少し絞り込みたい時には，何らかの手立てが必要です。

そんな時，わたしは**資料を提示する**ようにしています。具体的な事実やデータが示されることで，それをもとにもう一歩予想の絞り込みをさせることができるからです。例えば，わたしは５年「あたたかい土地のくらし」で「なぜ，沖縄県では，屋根の上にタンクをのせた家が多いのだろう」という学習問題を設定させ，予想の話し合いの途中でタンクの正体が貯水タンクであることがわかる資料を提示しました。すると，それまでなかなかかみ合わなかった議論が，一気に熱を帯びた議論に変化しました。このように，学習問題の解答がわかるような資料を提示するのではなく，ほんの少し真実に近づくためのヒントを与えればよいのです。そういった意味では，資料の提示と同様にこの段階でロールプレイングなど体験的な活動をさせるのも有効な手立ての１つです。

授業改善　Before → After

> Before ➡ 一部の子どもが自分の予想を発表するだけの授業。
> After ➡ あれこれ考えながら知恵を寄せ合い，対話することを子どもが楽しむようになる。

先ほども述べましたが，一部の子どもが自分の予想を発表してこの段階を終えている授業，あるいは，予想に関する話し合いの場を形式的に設けているだけの授業も少なくないと思います。

しかし，教師が予想を絞り込む話し合いを大切にし回数を積み重ねていくと，子どもが対話を楽しむ様子が見受けられるようになってきます。お互いが頭をひねりながら自分の知っていることや経験を出し合って議論することは，子どもにとっても楽しいことなのです。

視点
4

内容を実感させる体験的な活動

　５年生を対象にしたある全国的な調査によると，好きな教科のランキングは，１位から家庭，図工，体育，外国語活動，理科と続き，何と最下位が社会科なのだそうです。このランキングを見ても明らかなとおり，子どもは活動的な学習を好みます。社会科の授業でも，もっともっと積極的に体験的な活動を取り入れていく必要があるでしょう。

　体験的な活動には，主体的な学びだけでなく，対話的な学びや深い学びを促す効果もあります。ここでは，もっと手軽に，効果的に体験的な活動を取り入れるポイントを考えていきたいと思います。

主体的・対話的で深い学びの実現ポイント

① 　はっきりとしたねらいをもって

　体験的な活動は，その活動をとおして何を理解させたいのかはっきりとしたねらいもって設定することが大切です。

　例えば，次のような授業はどうでしょう？

1　消防署に見学に行くことを伝え，見学で調べたいこと，消防士さんに質問したいことをワークシートに書かせる。

2　見学に行き，わかったことや質問の回答をメモさせる。

3　見学でわかったことをまとめて社会科新聞を書かせる。

　社会科の体験的な活動の中で最も一般的な見学を取り入れた典型的な授業展開です。子どもも初めて消防署の内部を見たり，消防服を羽織ったりして大喜びすることでしょう。しかし，わたしも何度も経験しましたが，このような授業では，時間や手間をかけた割に肝心の子どもの理解が深まっていないということが少なくありません。実は，その原因は明らかです。この授業での見学に向けての子どもの問題意識は，個々のその場の思いつきの疑問に

すぎません。ですから，見学中も子どもは特に思考を働かせることもなく，その理解も表面的なものに留まります。**教師がはっきりとしたねらいをもたず，「とりあえず見学ありき」で授業を構成しているので，このような「体験あって学びなし」の状況が生まれてしまうのです。**

一方，次のように消防署の見学をさせるとどうでしょう？

1. 「もしも学校で火事が発生したら，119番通報から5分で消火活動を開始できる」という消防士さんの話から，学習問題「なぜ，消防署の人は5分で火を消し始めることができるのだろう」を設定させる。
2. 5分で消火活動を開始できる理由を予想させる。
3. 消防署に見学に行き，5分で消火活動を開始できる秘密を探させる。
4. お互いが見つけた秘密について話し合わせる。

この授業では，子どもが明確な問題意識をもって見学に臨むことができます。したがって，見学中も常に「これは早く出動できる理由になるのかな？」と思考を働かせながら観察をしたり，説明に耳を傾けたりすることになります。表面的なことだけでなく，何のためにそうしているのか消防士さんの意図や目的にまで理解を深めることができるのです。

このような授業展開が可能になるのは，見学で何を理解させたいのか，教師がはっきりとしたねらいをもっているからです。更に言えば，「とりあえず見学ありき」で授業を行うのではなく，**まず問題解決的な学習の流れを構想して，そこに見学を取り入れているから，そのねらいも明確になるのです。**

社会科の体験的な活動は見学だけではありません。どのような活動をさせるにしても，問題解決的な学習の中で何を理解させるためにその活動をさせるのか，はっきりとしたねらいをもって設定することが大切だと思います。

② **言葉や数字だけでは理解できないことを体験的な活動で**

当たり前のことですが，子どもは生活経験も乏しく，読解力も数量的な感覚も未熟です。したがって，教科書や資料からだけでは，その内容をイメージしたり理解したりできないことがあります。例えば，4年「水はどこから」の学習で，資料から一人1日約300Lの水を使用していることを読み取

第1章 主体的・対話的で深い学びを実現するための6つの視点●021

ったとします。教師がペットボトルに換算して伝えるなどしますが，子ども
はなかなかその量をイメージすることができません。

　このような場合，**体験的な活動をさせると，子どもは言葉や数字だけでは
はっきりわからなかったことを実感を伴ったかたちで理解できるようになり
ます。**先ほどの例で言えば，実際に300Lの水をバケツに汲ませ廊下に並べ
させるのです。すると，蛇口から水を注ぎ重いバケツを運ぶ体験をとおして，
どの子も300Lという量をはっきり理解します。そして，「一人分でもこんな
に多いんだから，家族全員分だとすごい量になるな」「毎日こんなに使って
も，水道の水はなくならないのかな？」といった資料の読み取りだけでは得
られなかった気づきや疑問が新たに生まれるようになります。

　子どもは，教科書や資料の読み取りだけでとかくわかったつもりになりが
ちです。「わかりましたか？」との問いかけに「はい！」と返事したのに，
「どういうこと？」「どのくらい？」と改めて説明を求めるとほとんど答えら
れないということも少なくありません。そのような状況が予測される時が，
体験的な活動をさせるポイントになります。下に，わたしがこれまで実践し
た体験的な活動の例を記しますので，参考にしてみてください。

- 運転席からカーブミラーを見せて，事故を防ぐ効果を理解させる。
- ごみの分別をさせて，細かく分別することのたいへんさを理解させる。
- 競りのシミュレーションをさせて，価格が変化する理由を理解させる。
- 自給率分の材料で天ぷらそばを作らせて，自給率の低さを理解させる。
- 1年を1mmとして紙テープを切り，歴史の長さを理解させる。
- 模造紙を切り貼りし大仏の耳や目などを実物大で作成させ，その大き
  さを理解させる。

---

③　体験的な活動の後は必ず振り返り

　体験的な活動をさせた後は，その活動でわかったことや感じたこと，疑問
に思ったことなどを振り返らせて，自分の言葉で書かせることが大切です。

なぜなら、体験したことは言葉にすることで記憶に残り、逆にその言葉から体験したことを思い起こすことも可能になるからです。

また、**振り返りを書かせたら、発表させ話し合わせることも大切です。**子どもは、他の人の意見を聞くことで、自分では気づかなかったことに気づいたり、改めて疑問を抱いたりします。更には、教師が適切に話し合いをリードすることで、気づきや疑問を整理することもできます。

体験のさせっぱなしでは、その効果も激減するので注意が必要です。

授業改善　Before → After

> Before ➡ 教科書や資料集の文をそのまま読んで発表する子が多い授業。
> After ➡ 実感のこもった自分の言葉で発表する子が増え、授業中の話し合いも深まりのあるものになる。

教師が教科書や資料集ばかりに頼って授業をしていると、子どももいつの間にかそこから答えを見つけ発表しようとするようになります。考えて発表するのではなく、虫食い問題の答えを見つけて発表するような感じです。このような状況では、話し合いも成立しませんし、新たな疑問が生まれることもありません。

体験的な活動を行わせることで最も変化するのが、子どもの発言です。資料に書かれている文章をそのまま発表するのではなく、実感のこもった自分の言葉で発表する子が増えます。また、体験的な活動をとおして物事がはっきり理解できるようになるので、抽象的ではなく具体的で詳細な発言が増えてきます。そして、このような発言が多く出されるようになると、話し合いも白熱してきますし、深まりのあるものになってきます。体験的な活動には、対話的な学び・深い学びを促す効果もあるのです。

視点 5　思考を整理する "見える化"

　たくさん調べさせたのはいいけれど，その後どう対処すればよいのか困ってしまった。そんな経験をしたことはありませんか？　そのような場合は，調べたことを子ども自身に整理・分析させるようにすると，子どもの知識は整理され，調べた結果からどんなことが言えるのか，自分たちの立てた仮説は正しいと言えるのか，自ら考え判断できるようになります。

　ただし，調べたことを整理・分析させるのは簡単なことではありません。子どもが考えやすいように，そして，互いに意見を出し合って検討しやすいように，教師が条件を整え支援することが必要になります。ここでは，そのポイントとなる "見える化" について，具体的に考えていきたいと思います。

主体的・対話的で深い学びの実現ポイント

① 整理・分析の状況が自分にも周りにも見えるようにする

　上でも述べましたが，調べたことを子ども自身に整理・分析させるのは，簡単なことではありません。「調べたことからどんなことがわかりますか？」などと発問しただけでは，ほとんど手も挙がらないですし，たとえ何人かの子が鋭い発言をしたとしても，周囲の子の反応はほとんど望めないのが現実でしょう。子どもの側から考えれば，それには３つの理由があります。まず，調べたことを整理・分析するための十分な時間が与えられていません。また，様々な事柄が複雑に関連し合っている社会科の学習内容を頭の中だけで整理・分析するのはとても難しい作業です。それに，その複雑な内容を説明を聞いただけで理解するのにも限界があります。

　そこで必要となってくるのが，整理・分析の状況を自分にも周りの人にも見えるようにする，いわゆる "見える化" です。

　例えば，４年「地震からくらしを守る」の学習を例に説明したいと思いま

す。子どもたちは、「地震や津波から命や暮らしを守るために、わたしたちの地域では、どのような備えをしているのだろう」という学習問題のもと、聞き取り調査などをして地域の地震・津波対策をたくさん調べました。事前に各グループに４色の付箋紙を配り、家庭・学校・地域・町の対策をそれぞれ違う色で記録するよう話していたので、どのグループの画用紙にも４色の付箋紙がたくさん貼られています。そこで、わたしは、それぞれ何のための備えなのか目的別にそれらを仲間分けして貼り直すように指示しました。すると、子どもたちはグループや学級全体の話し合いをとおして４色の付箋紙を３つに分けて貼り直し、それぞれの仲間に「被害を少なくするため」「早く避難するため」「安全な避難生活を送るため」というタイトルを付けました。そして、最終的には、家庭・学校・地域・町が同じ目的のために協力し合って対策を講じていることに気づくことができました。

　この実践では、自分のグループや他のグループが地震・津波対策をどのように分けて整理・分析しているのか、その状況が一目瞭然で見て取れます。それぞれが頭の中だけ考え、話だけで説明するのとは対照的に、実際に自分の手で仲間分けの作業を行い、その状況がかたちとなってそこに表れています。これが"見える化"です。

　"見える化"には、次の２つの効果があります。

　一つは、どのように考え整理・分析しているのか自分の状況が常に目の前に表れているので、自分でそれをじっくり検討しながら試行錯誤を繰り返して整理・分析を進められるようになります。頭の中だけで考えるより、ぐんと考えやすくなります。

　もう一つは、グループや学級全体で話し合う際、お互いの考えがそこにかたちとなって表れているので、説明を聞いただけではわからなかったことも理解できるようになります。お互いの考えを細かいところまで検討することも可能になるので、たくさんの気づきや疑問が生まれ、話し合いが活性化します。

② 整理・分析の基本は分ける・並べる・つなげる

　"見える化"して調べたことを整理・分析させる時，わたしは**分ける・並べる・つなげるの３つを基本に**その方法を考えています。単元や子どもの実態によっていろいろ応用できますので，ぜひ工夫してみてください。

　ア　分ける

　　　調べたことが書かれた付箋紙やカード，短冊などを実際に仲間ごとに分けて整理・分析させる方法です。仲間ごとに近くにまとめ線で囲み，それらがどんな仲間か説明を書かせることもありますし，大きな表をつくってその中に分類させていくこともあります。「どのような工夫をしているのだろう」「どんな取り組みを行っているのだろう」といった学習問題でたくさんの事実を調べた時，この方法で整理・分析させると，そのポイントや特徴・傾向を見つけさせることができます。先ほどの地震・津波対策の授業もその一例です。

　イ　並べる

　　　調べたことが書かれた付箋紙などを順序よく並べ替えて整理・分析させる方法です。例えば，わたしは３年「工場の仕事」で「工場では，どのようにしてりんごジュースをつくっているのだろう」という学習問題で調べさせた後，調べたことをその工程順に並べさせることで，一貫して安心・安全のための管理を行っていることに気づかせました。

　ウ　つなげる

　　　調べたことの中で関連があるもの同士を線や矢印でつなげて整理・分析させる方法です。わたしは，原因と結果の関係を矢印でつなげるのを特に重視しています。「なぜ？」という学習問題で追究した際，調べた事実の中から原因と結果の関係を見つけ矢印でつなげさせていくと，一番の原因は何なのか，あるいは，最終的な目的は何なのかを見つけさせることができます。例えば，わたしは４年「ごみの処理と利用」の授業で「なぜ，ごみの出し方を12分別にしたのだろう」という学習問題を解決させる際，ごみの分別の結果としてどんなよいことがあるのか調べた

ことを矢印でつなげていかせ，その目的を見つけさせました。
③　きれいに整理させようとしない
　"見える化"して調べたことを整理・分析させる際は，きれいに整理させようとしないことが大切です。なぜなら，"見える化"はあくまでも調べたことを整理・分析するための手段であり，発表資料のように誰かに見せることを目的としたものではないからです。逆に，整理・分析が進めば進むほど，模造紙などに書き込んだ言葉や線が何度も書き直され，きれいとは言えない状態になっていくものだと考えた方がいいでしょう。わたしは，子どもに「どんどん二重線で訂正したり書き加えたりしていきなさい」と指導しています。グループや学級の話し合いの後，訂正の跡がたくさん残っていれば，それは対話的な学びが実現している証拠です。

授業改善　Before → After

Before ➡ 教師が書いたまとめを子どもが書き写す授業。
After ⇨ 子どもが自分の言葉でまとめを書けるようになる。

　みなさんの授業では，終末の段階で誰が学習問題に対する解答（まとめ）を書いていますか？　学年にもよると思いますが，本来は子どもの力で書かせたいところだと思います。
　せっかく子どもが主体的に調べても，それを教師主導で整理・分析するのであれば，ほとんどの子どもは自分の力でまとめを書くことができません。教師が書いたまとめを書き写すか，板書してある教師の言葉を拾って書くのがせいぜいです。一方，「見える化」して子ども自身に調べたことを整理・分析させるようにすると，子どもが自分の言葉でまとめを書けるようになります。国語的には多少問題があるかもしれませんが，子どもなりに論理的・分析的に説明できるようになります。

プラスαの学びへの働きかけ

「深い学び」って言うけれど、いったい何を教えればよいのだろう？ うちの学級の子どもたちは理解できるのだろうか？ 深い学びの実現は、教師にとっても子どもにとっても何だか難しそうに感じられるかもしれません。しかし、いつもの授業にプラスα、もう一歩踏み込んで学ばせるだけで、子どもの理解は格段に深まるようになります。

ここでは、どのような内容をプラスαすればよいのか、そして、どのようにして子どもをプラスαの学びへと導けばよいのか、教師の働きかけを具体的に考えていきたいと思います。

主体的・対話的で深い学びの実現ポイント

① プラスαの学びとは

いつもの授業からもう一歩だけ踏み込ませる、プラスαの学びとはどのようなものなのか、授業実践を紹介することで具体的なイメージを明らかにしたいと思います。

6年「武士の世の中へ」の学習です。わたしは、7／7の授業を次のように展開していきました。

1　鎌倉時代の年表を提示して、学習問題「なぜ、鎌倉幕府が滅びたのだろう」を設定させる。

2　年表を見ながら鎌倉幕府が滅びた理由を予想させる（元寇が関係あるのではないかという見通しをもたせる）。

3　教科書などで、元寇や元寇後について調べさせる。

ちなみに、教科書には「御家人は命がけで元軍と戦ったが、ご恩として領地を与えられたものは少なかった。そこで、幕府に不満を持つ御家人が増えてきた」と書かれていました。

おそらく，社会科の苦手な先生は，この3の活動で，授業のまとめに入っていくものと思われます。なぜなら，この教科書の記述を基にすれば，一応子どもに本時の学習問題に対するまとめ（解答）を書かせることができるからです。実際，教科書の指導書にも，そのような展開案が書かれていました。

　しかし，わたしは，この後，次のような展開を用意しました。

　4　教科書に書かれていることで疑問に思うことがないか考えさせる。

　5　なぜ，鎌倉幕府が御家人にあまり領地を与えなかったのか，グループや学級全体で話し合わせる。

　先ほどの教科書の記述では納得できない子が学級の中に必ずいて，改めて問いかければ，「なぜ，鎌倉幕府は御家人にご恩を与えなかったのか？」という疑問が出されると予測したのです。もしも子どもから出なければ，わたしが同じ発問をしてもよいと考えていました。実際の授業でも，やはり子どもから「なぜ，ご恩を与えなかったのか？」という疑問が出されました。そして，話し合いをとおして，鎌倉幕府は元寇では新しい領地を得ていないので御家人に十分な恩賞を与えられなかったことに気づかせることができました。「あっ，そうか！」と，ある子の表情が晴れやかに一変したのが印象的な授業となりました。

　もしも，3の活動でまとめに入っていたら，子どもの理解は「元寇の後にご恩を与えなかったので，幕府と御家人の関係が崩れた」というところで留まっていたことでしょう。それをほんの7，8分，4・5の活動を加えたことで，「元寇では新しい領地を得ていないのでご恩を与えられなかった。だから幕府と御家人の関係が崩れた」という理解にまで深め，子どもの心からの納得につなげることができたのです。これがプラスαの学びです。

　いつもの授業からほんの一歩踏み込んだだけですが，子どもの納得度や達成感には雲泥の差が現れます。より確かな知識を獲得させると共に自ら深く追究しようとする態度を育てることができます。プラスαの学びへと導く働きかけを行うか行わないか，その違いはとても大きいのではないでしょうか。

第1章　主体的・対話的で深い学びを実現するための6つの視点 ● 029

② プラスαの内容は

　次に，どのような内容をプラスαしていけばよいのか，構想する際の視点について考えていきましょう。わたしは，普段次の５つの視点でプラスαの内容を考えています。

ア　教科書や資料集の説明で子どもが納得できないところはないか。

　先ほど述べた元寇の授業のプラスαは，この視点で考えたものです。社会科の教科書は，字数が限られているので大切な説明が抜け落ちていることも少なくありません。特に，どうしてそうなったのか原因がはっきりしていないところを改めて問いかけると，子どもの理解はぐんと深まります。教師自身が「どうして？」「なぜ？」と問いかけながら教科書を読むようにすると，そんな部分を見つけられます。

イ　よい点ばかりでなく悪い点も理解させているか。

　社会の営みにはよい点ばかりでなく悪い点・問題点が必ずあるものです。小学校の社会科は，よい点ばかりに着目しがちなので，プラスα，悪い点や問題点に目を向けさせると，社会の姿がよりリアルに理解できるようになります。例えば，５年「米づくりのさかんな地域」では，水田のほ場整備により大型機械で効率よく生産できるようになったことを追究させた後，プラスα，その問題点として，機械の大型化による費用の増大を調べさせました。

ウ　以前の様子と比較させたり，他の国や地域の様子と比較させたりすることで見えてくることはないか。

　現在のことばかり，自分の国や地域のことばかり調べたり考えたりしていたのでは見えないことが，過去と比較してみたり，他の国や地域と比較してみたりすることで鮮明に見えてくることがあります。例えば，４年「水はどこから」では，プラスα，ミネラルウォーターの国別消費量のグラフを提示し，安全な水が安定的に供給されている自分たちの生活が世界の中では決して当たり前でないことを理解させました。

エ　他の立場から考えさせることで見えてくることはないか。
　　例えば，生産者の視点で学習してきた事柄を消費者の視点から考えさせると，新たな気づきが生まれることがあります。
オ　教材研究をしていて，ぜひ子どもに考えさせたい，理解させたいと思ったことがなかったか。
③　プラスαの学びへと導く方法
　プラスαの学びといえども，大切なのは子ども自身に疑問（問題）を発見させ，解決させることです。したがって，そこへ導くための働きかけとしては，授業の導入と同様，疑問（問題）を発見させるための演出と資料の提示が基本となってきます。**それまでの学習内容と矛盾する事柄と出会わせ驚かせたり，解決できたと思っている子どもにまだ解決できていないことを実感させたりして，子どもの思考を揺さぶることが大切**です。

授業改善　Before → After

> Before ➡ 一応，学習問題を解決しまとめも書けたけれど，達成感を感じられない授業。
> After ➡ 自信をもってまとめを書き，「わかった！」という満足感・達成感を感じて授業を終えられるようになる。

　プラスαの学びは様々です。展開の後半5分でできる場合もあれば，次の学習問題として解決まで1, 2時間かかることもあります。また，毎単元，毎時間，必ず必要だというものでもありません。決して欲張らず，教師も子どももできる範囲で取り入れていければよいと思います。
　それでも，その効果は目に見えて絶大です。まず，「あっ，わかった！」といった声が授業中に聞こえるようになり，授業を終えた後の子どもの表情が違ってきます。なぜ？　どうして？　という疑問をどんどん発表するようになり，子ども自身が深い学びに踏み込んでいくようになります。

第1章　主体的・対話的で深い学びを実現するための6つの視点　031

第 ❷ 章　6つの視点で授業改善！主体的・対話的で深い学びの実践例

第3学年　**学校のまわり**　全10時間

学校の周りの様子について，地形や土地利用，公共施設や古くから残る建造物の分布，交通の広がりなどを調べ，場所による違いを考え，その様子を大まかに理解できるようにする。

教材観・単元指導計画

　本小単元では，次単元「町の様子」への発展を考え，町の様子を捉える際の5つの視点（地形・土地利用・交通の広がり・公共施設の位置と働き・古くから残る建造物の分布）で実際に学校周辺の様子を調べさせ，場所による違いを考えさせる。また，子どもの興味・関心が「学校のまわり」から「町の様子」へと自然に広がるように，終末では調べた結果をまとめた絵地図を町内の他校の3年生と交換し合うことにする。

　調べたことを絵地図にまとめる活動は，次の二段階で行わせる。第一段階では，後で消したり，上に紙を貼ったりしやすいように鉛筆で自由に表現させる。第二段階では，土地利用や公共施設などを記号で表すとわかりやすい地図になることに気づかせ，地図記号を活用したものに修正，完成させる。

時	学習問題（◎単元を貫く学習問題）	主な学習活動	視点
1	◎わたしたちの学校の周りには，どのような場所があるのだろう。	○建物やバス停，遊具など，学校周辺の写真を見ながらその場所について教え合い，学習問題を設定する。	②
2	⇩	○方位を確かめながら，白地図で4つのコースを確認する。 ○4つのコースの様子について予想する。 ○どのコースを探検するか，グループ分けする。	
3-5	⇩	○調べることや調べ方を確認する。 ○探検で歩く道順を白地図上でなぞり，色塗りする。 ○4つのコースに分かれ，調査する。 ○グループでチャレンジ問題に挑戦する。	❹
6-8	⇩	○グループごとに，白地図に書き込んだこととチャレンジ問題の答えを絵地図にまとめる（鉛筆で書く）。 ○4つのグループの絵地図をつなげて，学校の周りの様子についてわかったことを話し合う。	
9・10	○どのようにすれば，わかりやすい地図になるのだろう。	○町内の他校の3年生に学校の周りの様子を紹介する地図を送る計画を立てる。 ○自分たちの絵地図と教師の示した地図を比較し，学習問題を設定する。 ○地図記号を調べ，絵地図を修正，完成させる。	②

032

本単元のキーとなる視点

視点4 調査隊ワークシートで，何をどのように調査するか明確に指示し，見通しをもって活動できるようにする。

> Before ➡ 何をどのように調査したらよいのかよくわからず，白地図にほとんど何も書き込めない。
>
> After ➡ 自信をもって調査に取り組めるようになり，学習問題を解決するための記録を白地図にしっかり残せるようになる。

社会科の調査活動では，次の2点が原因で子どもが主体的に取り組めないことがある。一つは，教師が具体的な調査内容や方法を明らかにしていない場合であり，もう一つは，教師があまりにも多くのことを求め，子どもが混乱した場合である。

そこで，本小単元では，白地図と共に右のワークシートを配付し，コースごとに調査内容や方法を具体的に指示する。また，位置関係・地形・交通の広がりの3つの視点については，チャレンジ問題を解く時にだけ考えればよいようにし，歩きながらの調査があまり複雑にならないように配慮する。

深小調査隊ワークシート

学習問題	深小のまわりは，どのような様子なのだろう。
コース名	町役場・資料館コース
メンバー	
調査のじゅんび	○主な行き先を地図でかくにんして，白地図に書きこむ。 ○道じゅんを白地図に書きこむ。
調査しながら白地図に書きこむこと	1　道の両がわがどのような様子になっているか。（家の多いところ，店の多いところ，森林，田，畑など） 2　学校のような公共しせつのある場所。（何をするところかも） 3　観音様のような昔からそこにあるたて物の場所。（いつからそこにあるかも） 4　そのほか，気づいたことやぎもんに思ったこと。

調査中にグループでチャレンジ！（町役場・資料館コース）

①	学校から見て町役場はどの方位にありますか。	
②	夕陽公園から見て観音様はどの方位にありますか。	
③	学校と観音様とでは，どちらが高い土地にたてられていますか。町役場前から見てみましょう。	
④	町役場の横の道（国道101号線）を駅の方へそのまま進むと，どこにつながっていますか。	
⑤	町役場の横の国道101号線を夕陽公園の方へそのまま進むと，どこにつながっていますか。	

調査隊ワークシート

本時の展開例（3・4・5／10）

ステップ1 コースごとのグループに分かれ，調査内容と方法を理解し，行き先と道順を白地図に書き込む。

　最初に，調査隊ワークシートを配付し，調査内容と方法を説明する。特に，何を白地図に書き込むのかは，しっかり理解させるようにする。次に，白地図上でそれぞれのコースの目的地がどこの位置になるのか，周囲の建物を思い起こさせながら道を指でたどらせ確認させる。この作業を何度か繰り返し，子どもがコースをイメージできるようになったら，鉛筆で白地図に書き込ませる。

T　この白地図で，町役場はどこになるだろう。
C　学校からスタートして，ここがブランコの向こうにある坂道で，坂を下ったら左に曲がって……
C　そうか，ここが旅館のあるところだな。そうすると，ここを右に曲がって……
C　何だかよくわからなくなってきた。
C　ここらへんが，○○さんのお家のお店だよ。
C　だとすれば，ここが公園だね。
C　そこからまっすぐ歩いて行って，わかった！　ここが役場だ。
T　じゃあ，帰りはどの道を通って帰ってくるのかな？

ステップ2 4つのコースに分かれて，調査を行う。

　他の教員にも協力を要請し，4つのコースそれぞれに引率を付けて調査に行かせる。途中，必要に応じて町の人にインタビューしたり，説明の看板を読んだりさせるようにする。

C この道の両側はお店が多いね。白地図に書き込もう。
C ここの神社は昔からある建物なんじゃない？
C それじゃあ，いつからあるのか調べなくちゃ。
T あそこに何か説明の看板があるよ。読んでみればどう？
C よし，漢字が多いけれど読んでみよう！

ステップ3　グループごとにチャレンジ問題に挑戦する。

　途中，チャレンジ問題に関わる場所に到着したら，挑戦させるようにする。なお，チャレンジ問題は，4つのコースそれぞれ異なるものを教師が考え，ワークシートを作成する。

T さあ，町役場に着いたのでチャレンジ問題に挑戦してみましょう。
C それじゃあ，③をやってみよう。学校は見えるかな？
C あれが学校で，あれが観音様だよ。観音様のところには大きな木がたくさん生えてる。校舎は，屋根が見えてるでしょう。
C 観音様の階段は何段もあるから学校よりも高い場所にあると思ったけれど，ずいぶん学校の方が高い場所にあるね。
C そういえば，学校の玄関に35mって，ステッカーが貼ってあったよ。
T ④や⑤の問題もやれそうだよ。
C 目の前のこの道が国道101号線なんだな。
C 駅に行くには左に進んでいくから，そのまま進んでいけば，○○さんの家に行けるね。
T 自動車でさらに進んでいけばどこに行けますか？
C 鰺ヶ沢町に行けるよ。ぼく，行ったことがあるよ。

第3学年　工場の仕事　全11時間

りんごジュース工場の仕事について，原材料の仕入，施設・設備，働く人の手順，販売の様子などを調べ，それらの仕事と地域の人々の生活との関連を考え，密接な関わりをもって行われていることを理解できるようにする。

教材観・単元指導計画

本小単元は，りんごジュース工場の仕事を主な教材として構成する。傷が付くなどして生の販売に適さない地域産のりんごが原料となっていること，絞りかすが地域の牧場のえさとなっていること，ジュースだけでなく原料果汁もいったん他の工場に運ばれた後，自分たちの食卓に上っていることなどを調べさせ，工場の仕事と地域の人々の生活の関連を考えさせたい。

時	学習問題	主な学習活動	視点
1	○つがる市の工場では，どのようなものがつくられているのだろう。	○地域の工場でつくられているものを探す。 ○工場の分布から気づいたことを話し合う。	
2-6	○工場では，どのようにしてりんごジュースをつくっているのだろう。	○りんごジュースを飲んだ後，ジュース工場の写真を見て学習問題を設定する。 ○見学の計画を立ててジュース工場を見学する。 ○グループで話し合いながら，見学で調べたことを工程どおりに並べていく。 ○工場の人はどんなことに気をつけてジュースをつくっているのか調べたことから考える。	② ④ ⑤
7	○なぜ，原料のりんごは箱にも袋にも入っていないのだろう。	○子どもの見学メモに書かれていた疑問と原料の搬入時の写真をもとに学習問題を設定し，予想を立てる。 ○どのようなりんごがジュースの原料となり，どこから運ばれてくるのか資料で調べる。 ○りんご工場の人の話を読み，生の販売に適さないりんごが原料となっていること，ジュースの絞りかすが地域の牧場のえさに使われていることを知る。	③
8	○なぜ，ジュースをつくる時にたくさんの機械を使うのだろう。	○子どもの見学メモに書かれていた疑問と製造機械の写真をもとに学習問題を設定し，予想を立てる。 ○なぜ機械を使うのか，ジュース工場の人の話を読む。	③
9	○工場でつくられたりんごジュースはどこに運ばれていくのだろう。	○子どもの見学メモに書かれていた疑問と広告のチラシをもとに学習問題を設定し，予想を立てる。 ○資料を見て，どのように販売されているか調べる。	
10	○工場でつくられた原料果汁は，どのように変身するのだろう。	○子どもの見学メモに書かれていた疑問と原料果汁の容器をもとに学習問題を設定し，予想を立てる。 ○資料を見て，原料果汁が全国の他の工場に運ばれ，あめやカレーなどに使われていることを調べる。	⑥
11		○りんごジュース工場の秘密を全校児童に教えるため，記事カードを書く。	

本単元のキーとなる視点

視点6 事前に見学先の工場の人にお願いして、プラスαの学びにつながるような疑問を子どもが発見するよう働きかけてもらう。

Before ➡ 見学の結果をまとめただけで、子どもが満足している。
After ➡ 見学で発見した疑問をもとに、プラスαの学びに向かうようになる。

　これまでの社会科では、見学に行き、調べてきたことを資料にまとめて発表したり、新聞に書いたりしたところで授業を終えることが多かった。このような授業では、子どもの理解も表面的なものに留まりがちで、どちらかというと、資料や新聞を書くのにばかり多くの時間がかかっていた。

　これから深い学びを実現させるためには、このような授業を改善し、見学が学習問題の解決と同時に、新たな疑問や学習問題の発見につながるような授業を実践しなければならない。

　そこで、本小単元では、ジュース工場を見学する際、事前に担当者にお願いし、教師の意図した疑問を子どもに抱かせるよう働きかけてもらった。

　例えば、本時は、「工場→店→消費者（わたしたち）」という流通だけでなく、「工場→工場→店→消費者（わたしたち）」という流通もあることを理解させる深い学びを意図した時間である。そのための学習問題「工場でつくられた原料果汁は、どのように変身するのだろう」を子どもに発見させるため、担当者には、工場で製造している製品を紹介する時に、次のように話してもらった。

　「これらのジュースは、みなさんもお店で見たことがありますよね。でも、この工場ではジュースの他に、（原料果汁を提示して）この原料果汁もつくっています。これは、みなさんは見たことがないでしょう。これからあるところに運ばれて、みなさんの知っているものに変身するのです」

本時の展開例（10／11）

ステップ1 子どもの見学メモに書かれていた疑問と原料果汁の容器をもとに学習問題を設定し，予想を立てる。

　最初に，原料果汁の容器（写真）を提示するとともに，子どもの見学メモに書かれた「原料果汁は，どこに運ばれていくのだろう」という疑問を読んで紹介する。これは，先ほど述べたジュース工場の担当者の働きかけなどにより，子どもが抱いた疑問である。そして，この疑問をもとに学習問題を設定させる。次に，原料果汁の出荷先を予想させ，話し合わせる。

T　これは何の写真だか覚えていますか？
C　ジュース工場でつくられていた原料果汁です。
T　この原料果汁について，何人かの人が見学メモに疑問を書いてたので紹介します。Aさん，「原料果汁は，どこに運ばれていくのだろう」，Bさん，「原料果汁は，何に変身するのか」みなさんは，同じような疑問をもちませんでしたか？
C　そういえば，工場の人が話している時に疑問に思った！
T　それでは，今日の学習問題は，「工場でつくられた原料果汁は，どのように変身するのだろう」にしましょう。

ステップ2 原料果汁がどこでどのように利用されているのか調べる。

　予想がある程度絞られたら，資料「原料果汁の行き先」を配付し，原料果汁が全国各地にある他のジュース工場，お菓子工場，ソースやカレーの工場に出荷されていることを調べさせる。そして，ジュース工場の人へのインタビュー動画を見せて，それらの工場がこの工場の原料果汁をどのように利用しているのか調べさせる。

T　資料を見て，わかったことや疑問に思ったことを発表してください。

C　原料果汁が，他のジュース工場に運ばれていることがわかりました。

C　日本中にあるお菓子工場やソース工場，カレー工場に運ばれていることがわかりました。

C　わたしは，どうしてジュース工場からジュース工場に運ばれるのか不思議に思いました。

C　ぼくは，ソース工場やカレー工場に運ばれて，どうするのか疑問でした。

C　わたしの家の人は，カレーにりんごを入れているから，それと関係あるのかなあと思いました。

T　実は，先生もみなさんと同じ疑問をもったので，見学の後，ジュース工場の人にインタビューしてきました。その動画を見てみましょう。

ステップ3　原料果汁と地域の人々の生活との関連を考える。

　このジュース工場の原料果汁をもとにしてつくられたフルーツジュースや飴，ソース，レトルトカレーなどの写真を提示して，原料果汁と地域の人々の生活との関連を考えさせる。

T　つがる市のりんごジュース工場でつくられた原料果汁は，他の場所にある工場に運ばれて，他のジュースや食品の原料として使われているのですね。（原料果汁を使用してつくられている商品の写真を提示して）そして，これがそこでつくられている商品です。

C　あっ，この飴，食べたことがあるよ。

C　わたしの家で食べているカレーだ！

C　このフルーツジュースも飲んだことがあるよ。

C　また，わたしたちのところに戻ってきた！

T　そうか！　原料果汁は，一回つがる市を離れて他の地域の工場に運ばれて行ったけれど，別の商品に変身して，また戻ってきているんだね。

第2章　6つの視点で授業改善！主体的・対話的で深い学びの実践例●039

第3学年 店ではたらく人 全12時間

コンビニの仕事について，消費者の願いや販売の仕方，他地域との関わりなどを調べ，工夫して販売する理由を考え，消費者の願いを踏まえ売り上げを高めるよう行われていることを理解できるようにする。

教材観・単元指導計画

　本小単元は，販売の仕事は，消費者の願いを踏まえ売り上げを高めるよう工夫して行われていることを理解させるため，コンビニの販売の様子やサービス，商品の搬入，商品配列を主な教材として構成する。

　具体的には，第1次では，スーパーマーケットと比べ商品の値段が高いにも関わらず「便利さ」を求め，多くの消費者がコンビニを利用していることを理解させる。第2次では，「便利さ」を求める消費者に応えるために，コンビニがどのような工夫をしているか調べさせる。第3次では，商品の搬入を例に，他地域と関わり合いながらコンビニの仕事が行われていることを捉えさせる。そして，第4次では，商品配列の特徴から，売り上げの向上を目指して様々な工夫が行われていることに気づかせる。

時	学習問題	主な学習活動	視点
1・2	○なぜ，お家の人はよくコンビニに行くのだろう。	○お家の人がよく行くお店調べの結果を表にまとめる。 ○コンビニとスーパーマーケットでのカップヌードルの値段を比べ，学習問題を設定する。 ○予想を立て，お家の人へ聞き取り調査をする。	② ③
3-8	○コンビニで働く人は，お客さんが便利に買い物できるように，どのような工夫をしているのだろう。	○コンビニに見学に行き，店の様子を観察したり，働いている人にインタビューしたりして，コンビニの便利の秘密を見つける。 ○買い物以外にコンビニでできることを，お家の人などに聞き取り調査して調べる。 ○コンビニの便利の秘密を発見カードに書き，グループごとにまとめて模造紙に貼っていく。	④ ⑤
9・10	○どのようにして，コンビニの商品は運ばれてくるのだろう。	○コンビニ弁当の製造場所を調べ，学習問題を設定する。 ○コンビニの他の商品がどこから運ばれてきているのか調べる。 ○コンビニの商品がどのように配送されているのか資料で確かめる。	
11・12	○なぜ，どこのコンビニでもおにぎりと飲み物を離れた場所に置いているのだろう。	○周辺にあるいくつかのコンビニの商品配置図を作る。 ○商品配置図を比べ，学習問題を設定する。 ○予想について話し合い，お客さんに店内を巡回させようとするコンビニのねらいを資料で確かめる。	② ③ ❻

本単元のキーとなる視点

視点6　お客さんの便利さとは矛盾するコンビニの商品配列に気づかせ，販売の工夫を売り上げの向上と関連付けて考えられるようにする。

> **Before** ➡ 販売の工夫は，ただただお客さんのために行われているという表面的な理解に留まっている。
>
> **After** ➡ 利益の追求という販売店の本質を踏まえた上で，販売の工夫を考えられるようになる。

　これまでの「店ではたらく人」の学習では，「コンビニなど販売の仕事をする人は，消費者の願いに応えるために様々な工夫をしている」という理解で授業を終えることが多かった。「お金の話やもうけの話を子どもにさせるのはあまり教育的ではない」と考える先生が，少なくなかったからかも知れない。本来，消費者の願いに応えるため様々な工夫をするのは，それにより来店者数を増やし売り上げを向上させるためであるのにも関わらず，そこまで踏み込んで学習することは少なかった。

　しかし，お金の話を子どもにさせることは，本当に教育上よくないことなのだろうか。お金のことも含めて，社会を客観的に見つめる目を育てるのが社会科の役割なのではないだろうか。事実，新学習指導要領でも，「販売の仕事は，消費者の多様な願いを踏まえ売り上げを高めるよう，工夫して行われていることを理解すること」と新たに記述されている。

　そこで，本小単元の最終段階では，深い学びを実現するため，コンビニ各店舗がおにぎりと飲み物を意図的に離れた場所に陳列していることに気づかせ，その理由を追究させることにした。お客さんの求める便利さとは矛盾するこの商品配列が，できるだけ店内を巡回させ多くの商品を購入させようとするコンビニの戦略であることを理解させ，販売の工夫と消費者の願いや売り上げの向上を関連付けて考えられるようにしたい。

本時の展開例（11／12）

ステップ1 これまでの学習と「コンビニでの買い物調べ」の結果を振り返る。

　まず，これまでの学習を振り返り，コンビニで働く人がお客さんの「便利」のために，いろいろな工夫をしていることを確認する。そして，2時間目のお家の人への聞き取り調査で行った「コンビニでの買い物調べ」の結果を見させ，お客さんの「便利」のために，おにぎりと飲み物は近くに陳列しているだろうという見通しをもたせる。

T　これまでの勉強で，どんなことがわかりましたか？
C　コンビニで働く人は，お客さんの「便利」のためにいろいろな工夫をしていることがわかりました。
T　では，みなさんが行った「コンビニでの買い物調べ」の結果をもう一度見てください。みなさんのお家の人は，コンビニで何を買うことが多かったですか？
C　おにぎりと飲み物です。両方一緒に買う人が多かったです。
T　両方一緒に買う場合，どのように置いてあると便利ですか？
C　近くに並んで置いてあると，すぐに取ることができて便利です。
T　（スーパーマーケットで精肉売り場に焼き肉のタレが置かれている写真を提示して）こんな感じだと，確かに便利ですね。

ステップ2 地域のコンビニの商品配置図をつくり，学習問題を設定する。

　近所にどんなコンビニがあるか発表させた後，次ページのワークシートを配付し，近所の人同士で協力させながらその商品配置図をつくらせる。そして，それぞれの店舗の商品配置を比べさせ，学習問題を設定させる。

T それでは、家の近所にあるコンビニの商品配置図をつくってください。もし、飲み物やおにぎり以外の商品もわかったら、そこに書き込んでください。
C ローソンだと、おにぎりはここで、冷たい飲み物はここだよ。
C ファミマでは、おにぎりの隣は、確かパンとサラダが置いてあったよ。
C どこの店でも、飲み物とおにぎりは離れた場所に置いてある！
C 近い方が便利なのに、何でこんなに遠い場所に置いているんだろう？

商品配置図ワークシート

ステップ3 おにぎりと飲み物を離れた場所に置いている理由を予想する。

　学習問題設定後、個人で予想を立てさせ発表させる。予想についての話し合いは、次時に行うものとする。

T それでは、予想を発表してください。
C わたしは、おにぎりの隣に冷蔵庫が置けなかったからだと思います。本当は隣に飲み物を置きたかったんだけど、置けなかったんだと思います。
C ぼくは、おにぎりから飲み物の場所に行く途中で、サラダやスイーツをお客さんに見てもらって、そして、買ってもらうためだと思います。
C 飲み物はいろいろな種類があって広い場所が必要だから、おにぎりから遠いけれど広い場所に並べているのだと思います。

第2章　6つの視点で授業改善！主体的・対話的で深い学びの実践例

第3学年　火事からくらしを守る　全10時間

　消防署の仕事について，火災に備える仕事や消防施設，火災が発生したときの対処などを調べ，迅速に消火活動を開始するための工夫や努力を考え，相互に連携して緊急時に対処する体制をとっていることを理解できるようにする。

教材観・単元指導計画

　本小単元では，消防署員の「もし学校で火事が起きたら，通報から5分で消火活動を開始できる」という話から，「なぜ，5分で火を消し始められるのだろう」という学習問題を発見させ，全10時間をかけて追究させる。

　また，その追究と同時進行で，『5分で火を消し始められるひみつ』というタイトルの絵本をつくって次の3年生にプレゼントするという言語活動に取り組ませ，調べたことや考えたことを自分たちの言葉で説明させる。

　小単元の終盤では，追究を更にもう一歩深めるために，119番通報が近くの消防署ではなく遠くの弘前消防署につながるという事実を取り上げ，ロールプレイングを行いながら通信指令体制を一本化する理由を考えさせる。

時	学習問題（◎単元を貫く学習問題）	主な学習活動	視点
1	◎なぜ，消防署の人は5分で火を消し始めることができるのだろう。	○もし学校で火災が発生したら，119番通報から何分で消防署の人は消火活動を開始できるのか予想する。 ○消防署の人へのインタビューVTRを視聴し，学習問題を設定する。 ○説明を聞き，絵本づくりに対する見通しをもつ。	2
2・3	⇩	○消防署を見学する。	4
4-6	⇩	○調べたことの中から5分で火を消し始められる秘密を見つける。 ○グループ内で分担し合って，5分で火を消し始められる秘密を記事カードに表現する。	
7・8	⇩　○なぜ，全ての119番通報を弘前消防署につながるようにしているのだろう。	○学校からの通報が，一番近い消防署ではなく遠い弘前消防署につながるということを資料から読み取る。 ○なぜ全ての119番通報を弘前消防署につながるようにしているのか予想を立てる。 ○通報から出動指令が出されるまでのロールプレイングをしたり，消防署の人に聞いたりして予想を確かめる。	4 6
9	⇩	○グループで話し合いながら，記事カードの仲間分けをして見出しを考える。	5
10	⇩	○絵本を完成させて，他のグループのものと読み比べる。 ○なぜ5分で火を消し始めることができるのか，まとめの説明文を書く。	

本単元のキーとなる視点

視点5 　記事カードを仲間分けして見出しをつけ目次をつくる活動を通して，調べたことや考えたことを整理させる。

Before ➡ 終末段階で学習問題に対する答えを問われても，調べたことを整理して説明することができない。
After ➡ 調べたことを自分の言葉でまとめ，説明できるようになる。

前時までに子どもは，5分で火を消し始められる秘密を1つ発見するごとに，右のような記事カードを1枚作成している。各グループともある程度の数を書きためている状態である。

しかし，この段階での子どもの理解は，一つ一つの秘密が整理されていないバラバラの状態である。なぜ5分で出動できるのか問われても，「消防車の中で着替えをしているし，それに，通報途中で出動も……」いうように，印象に残ったカードの内容を羅列するので精いっぱいであろう。

子どもが作成した記事カード

そこで，本時では，記事カードを仲間分けして見出しをつけ目次をつくらせることにした。例えば，「消防署の中で着替え」と「通報途中で出動」をつなげて「時間の節約しているから」とまとめたり，「消防車の中に道具」と「夜中も消防署で仮眠」をつなげて「準備しているから」とまとめたりして章立てするのである。このように自分たちの手で知識を整理し，自分たちの言葉でまとめられれば，学習したことを相手にわかりやすく説明できるようになる。しかも，グループの輪の中心にカードを置いて，実際にくっつけたり離したりしながら議論できるので，3年生でも取り組みやすいと思われる。

本時の展開例（9／10）

ステップ1 2つの目次の例を比べ，記事カードを仲間分けして見出しをつける必要性に気づく。

　前小単元の学習内容をもとにA（記事カードをバラバラに並べただけの目次）とB（記事カードを分類・整理し各章に見出しをつけた目次），2つの目次を教師が事前に作成しモデルとして提示する。そして，気づいたことを発表させる。

T　2つの目次を比べて気づいたことを発表してください。
C　Aの目次よりもBの目次の方がわかりやすいと思います。
C　Aはそれぞれの記事がバラバラだけど，Bは関係がある記事が第1部，第2部というふうにまとめられている。
T　みなさんがつくっている『5分で火を消し始められるひみつ』という絵本にも目次があった方がいいと思いますか？
C　目次があった方が次の3年生も調べやすいと思います。
C　AよりもBのように記事カードを仲間分けして目次をつくった方がいいと思います。

ステップ2 グループごとに自分たちが書いた記事カードを仲間分けして，それぞれに見出しをつける。

　小単元の学習問題と絵本のタイトルを確認し，消防署の人がどんな工夫や努力をしているかという視点で仲間分けをするよう指導する。また，見出しをつける際には，必ず「〜しているから」という表現にするよう指示し，仲間分けの視点が学習問題から逸れないように注意させる。なお，話し合いが滞っているグループには，仲間になりそうなカードをいくつか指摘して，ど

うしてそれらが仲間になるのか，その理由を考えさせるようにする。

C 「消防車の中にいろいろな道具を入れて」というカードと「タンク車に水を入れておく」というカードは，どちらも準備だから同じ仲間にしてもいいんじゃないかな。

C 「準備しているから」の仲間には，「夜中も消防署で仮眠」というカードも入るよ。

C 理由はうまく言えないけれど，「電話中に出動」と「消防車の中で着替えをしている」のカードは仲間にしてもいいと思うよ。

C この仲間は，どんな言葉でまとめればいいかな？

C どちらもこのカードに書いてある「時間の節約」っていう言葉でまとめられると思うんだけど。

C それじゃあ，「各部屋から車庫へ一直線に進める」も「時間を節約しているから」の仲間に入ると思う。

ステップ3 他のグループの仲間分けも参考にしながら，絵本の目次と中表紙をつくる。

　グループの話し合いがある程度進んだら，情報交換の時間を設定し，お互いのグループの仲間分けの様子，見出しのつけ方を見合い参考にさせる。

　そして，話し合いが終了したら，右のような目次と見出しを書いた中表紙を作成させる。

C 7班は，ぼくたちの班と同じ見出しでまとめていたよ。

C この仲間とこの仲間をくっつけて，大きな仲間にしてもよさそうだね。

子どもが作成した目次

第2章　6つの視点で授業改善！主体的・対話的で深い学びの実践例●047

第3学年 交通事故からくらしを守る 全10時間

交通事故から地域の人々の安全を守る活動について、警察署や地域の人々の活動を調べ、相互の関連や人々の働きを考え、互いに協力して事故防止に努めていることを理解できるようにする。

教材観・単元指導計画

新学習指導要領にある「緊急時に対処する体制をとっていること」に関しては火災を事例に重点的に学習したので、本小単元では、交通事故を事例に「防止に努めている」ことを重点的に扱うものとする。

毎年交通事故が減少している理由を追究する中で、警察署などの関係機関が地域の人々と協力して事故防止に努めていることを理解させたい。

時	学習問題（◎単元を貫く学習問題）	主な学習活動	視点
1	◎なぜ、交通事故の数が毎年減ってきているのだろう。	○交通事故現場の写真を見て、事故の怖さを話し合う。 ○交通事故数の変化のグラフから学習問題を設定する。 ○交通事故が減っている理由を予想する。 ○小単元の学習計画を立てる。	② ③
2	⇩ ○家の人たちは、交通事故に遭わないようにするためにどのようなことに気をつけているのだろう。	○家の人にインタビューしてきた結果をグループごとに表にまとめる。 ○特に気をつけている場所も調べ、その理由を書いた付箋紙を白地図に貼る。	
3	⇩ ○警察の人は、交通事故を防ぐためにどのような仕事をしているのだろう。	○警察の人を教室に招き、交通事故を防ぐ仕事についてお話を聞く。 ○交通事故を防ぐ仕事について疑問点を質問する。	
4	⇩ ○地域の人たちは、交通事故を防ぐためにどのような活動をしているのだろう。	○交通指導隊、交通安全母の会、町の交通安全担当者を教室に招き、その活動についてお話を聞く。 ○交通事故を防ぐ活動について疑問点を質問する。	
5-7	⇩ ○わたしたちの地域には、どんな安全施設があるのだろう。	○地域を巡検し、カーブミラーやガードレール、道路標識などの安全施設を調べる。 ○家の人が気をつけているポイントも含めて、安全施設マップをつくる。	④
8	⇩ ○なぜ、道路気象情報盤が近くに2つもあるのだろう。	○前時の疑問から学習問題を設定する。 ○道路気象情報盤が2つ設置されている理由を予想する。 ○県の担当者の話を読み、予想を確かめる。	③
9	⇩	○交通事故が減ってきている理由を表にまとめる。	⑤
10	○交通事故を防ぐために、わたしたちにはどんなことができるだろう。	○交通事故を防ぐために自分たちにもできることがないか考える。 ○地域の危険箇所を全校に伝える交通安全マップをつくり、校内に掲示する。	

本単元のキーとなる視点

視点3 道路気象情報盤の位置や向きなど知っていることやこれまで学習してきたことをもとに,予想を絞り込む話し合いをさせる。

> Before ➡ 一人ひとりが自分の予想を発表するだけで対話にならない。
> After ➡ 根拠を明らかにしながら,予想を絞り込む話し合いができるようになる。

　道路気象情報盤とは,現在の気温などが表示される道路上の施設である。これが本校の校区には,急勾配・急カーブの坂道を挟んで上下2ヶ所に設置されている。関係者によると,路面凍結に対する注意を喚起するため,冬場の事故が多いこの場所に設置したとのことである。

　本時の授業では,この道路気象情報盤が,なぜ近くに2つも設置されているのか,その理由を子どもに予想させる。

　おそらく多くの子どもは,気温と交通事故防止の関連には考えが及ばず,「気温がわかると便利だから」「気温以外の『走行注意』などの言葉を伝えたいから」などと予想するであろう。また,ただ「予想について話し合いましょう」と指示しても,ほとんど意見が出てこないものと思われる。

　そこで,予想について話し合わせる際には,この気象情報盤の所を通った経験や見た経験,家の人が気をつけて運転している箇所などこれまでの学習結果を随時想起させるようにする。そうすることで,「これから坂道に向かう人に見えるように気温が表示されているから,坂道に関係するのではないか」とか,「冬場この坂道の運転を注意しているお家の人が多かったから,冬の気温を知らせるためだと思う」といった根拠を明確にした意見が期待できるようになる。根拠を明確にした意見が多く出されれば,自ずと対話的な学びも実現できる。

本時の展開例（8／10）

ステップ1 前時の安全施設マップ作成時に出された疑問から，学習問題を設定する。

　最初に，前時の安全施設マップ作成時に出された「なぜ，道路気象情報盤が近くに２つもあるのだろう。道路気象情報盤は，安全施設なのだろうか」というある子どもの疑問を全体に紹介する。そして，安全施設と言えるかどうか子どもに問いかけ，反応を確かめた上で，本時の学習問題にすることを確認する。

T　前の時間に，Ａさんが疑問をノートに書いていたので紹介したいと思います。「なぜ，道路気象情報盤が近くに２つもあるのだろう。道路気象情報盤は，安全施設なのかな？」（道路気象情報盤の写真を提示して）みなさんは，この道路気象情報盤は交通安全のためのものだと思いますか
C　えー，違うと思う。
C　ぼくは，安全施設だと思うな。
T　みんなの意見もバラバラなようなので，今日は，Ａさんの疑問を学習問題にしようか。
C　はい。
T　それでは，今日の学習問題は，「なぜ，道路気象情報盤が近くに２つもあるのだろう」にしましょう。

ステップ2 道路気象情報盤が２つ設置されている理由を予想し，話し合いで予想を絞り込む。

　まず，個人で予想をノートに書かせる。その際，教師は机間支援により道路気象情報盤を安全施設だと捉えている子をチェックしておく。次に，予想

を全部挙げさせ，それについての話し合いをさせる。話し合いの際は，必要に応じて安全施設マップに着目させたり，具体的な経験を想起させたりする。

T　それでは，予想について賛成や反対意見，質問やつなげる意見を出してください。

C　ぼくは，運転する人に気温を知らせて，安全運転に注意してもらうという意見に反対です。気温がわかっても安全運転には関係ないと思います。

C　わたしは，今の反対意見に言いたいことがあります。前に冬にここを通った時，赤いランプが付いていて，「路面凍結注意」って言葉が出ていました。安全運転と関係あると思います。

T　「路面凍結」っていう言葉の意味はわかりますか？

C　それは，道路が凍っているという意味です。

T　ちなみに，今度理科で勉強するけれど，水は０度より温度が低くなると凍るんだよ。

C　前に，家の人が運転を注意している場所を調べた時にも，（マップで場所を示しながら）ここの道路が冬に凍ると危険だから注意しているって，言ってました。

C　そうか！　だから，坂道の上と下にあるんだな。

T　この情報盤は，どちらから来る人に見えるようになっていましたか？

C　上の方は，これから坂道を下っていく人に見えるように付いています。

C　下の方は，これから上がっていく人に見えるようになっています。

C　冬の交通安全のためにここにつくったんだよ。きっと。

ステップ3　県の担当者の話を読み，予想を確かめる。

　話し合いにより予想が絞り込まれたら，県の担当者の話を文章にまとめた資料を配付し，予想が正しいかどうか確かめさせる。そして，本時のまとめをノートに書かせる。

第2章　6つの視点で授業改善！主体的・対話的で深い学びの実践例●051

第4学年　水はどこから　全12時間

飲料水に関わる対策や事業について，飲料水が供給されるまでの過程などを調べ，それらの事業が果たす役割を考え，地域の人々の健康な生活の維持と向上に役立っていることを理解できるようにする。

教材観・単元指導計画

本小単元では，普段何気なく大量に使用している水道水がどこからどのようにして送られてきているのか，「水の旅」の追究を中心に構成する。おいしくて安全な水を365日，24時間安定して供給するために関係機関が努力している様子と森林や川などの自然環境の大切さを学ばせたい。

時	学習問題（◎単元を貫く学習問題）	主な学習活動	視点
1	○わたしたちは，水をどのように使っているのだろう。	○家で水をどんなことに使っているか考える。 ○様々な仕事で，水をどんなことに使っているか調べる。	
2	○わたしたちは，1日にどれくらいの水を使っているのだろう。	○一人1日あたりの水の使用量を予想する。 ○一人1日あたりの水の使用量を調べ，どれくらいの量になるのか実際に水をバケツに入れてみる。	④
3	◎わたしたちが使っている水は，どこからどのようにして送られてくるのだろう。	○学校に蛇口がいくつあるか分布図をつくり，学習問題を設定する。 ○水の循環の概念図を見ながら予想を立て，話し合う。	
4	⇩　○わたしたちの水のふるさとは，どこにあるのだろう。	○地図を用いて岩木川の源流がどこにあるか調べる。 ○岩木川の源流がある白神山地について，動画を見て調べる。 ○国土交通省の人のお話を読む。	
5	⇩　○ダムは，どのような働きをしているのだろう。	○ダムの写真を見て，ダムの働きを予想する。 ○ダムの働きについて，動画を見て調べる。	
6・7	⇩　○浄水場では，水をどのようにしてきれいにしているのだろう。	○浄水場に見学に行く。 ○浄水場で働く人のお話を聞く。	④
8・9	⇩	○グループごとに水の旅をすごろく風にまとめる。	⑤
10	○水道がなかった頃は，水をどのようにしていたのだろう。	○水道のあゆみ（年表）を見て学習問題を設定する。 ○水道がなかった頃の暮らしの様子を資料で調べる。 ○水道がなかった頃の暮らしと現在を比べてみる。	⑥
11	○なぜ，外国は日本と比べてミネラルウォーターの消費量が多いのだろう。	○ミネラルウォーターの国別消費量のグラフから学習問題を設定する。 ○外国の消費量が多い理由を予想する。 ○外国の水道事情について資料で調べる。	② ③ ❻
12	○水を大切に使うために，わたしたちは，どのようなことをすればよいのだろう。	○節水を呼びかけるポスターを見て，学習問題を設定する。 ○自分たちにできることを考え，話し合う。	

本単元のキーとなる視点

視点6 外国の水道事情と比較させることで、自分たちの飲料水が安全で安定的に供給されていることへの理解を深める。

> Before ➡ 日常的な当たり前のことになっているので、飲料水が安全で安定的に供給されているありがたさが理解できない。
>
> After ➡ 飲料水が安全で安定的に供給されている国が世界でもめずらしいことがわかり、そのありがたさが理解できるようになる。

　深い学びを実現するための大切なポイントの一つに、他の地域や外国との比較がある。自分たちの地域や国のことだけを学んでいたのでは見えてこない特色や価値、新たな側面などが、比較によって明らかになるからである。

　本小単元でも、子どもはここまで自分たちの地域の水道のことだけ学習してきている。前時に昔の生活の様子を学習し、水道事業によって健康的な生活が向上してきたことは理解しているが、蛇口をひねればいつでも安全な水を調達できる自分たちの現状を当然のことと考えている子どもも少なくないだろう。

　そこで、本時は、ミネラルウォーターの国別消費量のグラフから「なぜ、外国は日本と比べてミネラルウォーターの消費量が多いのだろう」という新たな学習問題を発見させ、これまで学習してきた地域の水道事業と世界各国の水道事情とを比較させる。そのことにより、安全な飲料水が安定的に供給されている自分たちの状況が、世界的には決して当たり前の状況ではないことを理解させたい。そして、安全な水を365日、24時間安定して供給している関係機関の努力と自然環境の大切さを再認識させたい。

本時の展開例（11／12）

ステップ1 ミネラルウォーターの国別消費量のグラフから学習問題を設定する。

　最初に，ミネラルウォーターの実物を提示し，購入した経験や飲んだ経験などを問う。次に，ミネラルウォーターの国別消費量のグラフを消費量が少ない日本から順番に提示し，わかったことや疑問を発表させる。そして，子どもが発表した疑問の中から「なぜ，外国は日本と比べてミネラルウォーターの消費量が多いのだろう」という学習問題を設定する。

T　それでは，ミネラルウォーターの国別消費量のグラフを順番に見せたいと思います。最初に，日本はこれくらいです。
C　えー，そんな何十リットルもわたしは飲んでいない！
T　次にアメリカ，ドイツ，フランス，イタリアです。
C　わあ，日本よりすごく多い！
T　改めて，わかったことや疑問を発表してください。
C　日本と比べて，外国のミネラルウォーターの消費量がとても多いことがわかりました。
C　わたしは，なぜ外国の消費量がそんなに多いのか疑問に思いました。
C　ぼくも同じで，外国の人はどうしてそんなにミネラルウォーターを飲むのか疑問でした。
T　それでは，今日の学習問題はそのことにしましょう。

ステップ2 外国の消費量が多い理由を予想し，話し合う。

　学習問題をノートに書かせ，一斉読みさせたら，外国の消費量が多い理由を各自に予想させる。そして，ノートに書いた予想を発表させ，予想を絞り

込むための話し合いをさせる。

T　ノートに書いた予想を発表してください。
C　ぼくは，外国のミネラルウォーターが安くておいしいからだと思います。
C　わたしは，外国の水道水が飲めないからだと思います。もしかしたら飲めるかもしれないけれど，とてもまずいのかなぁと思います。
C　わたしは，テレビで見たことがあるんだけれど，水道の水を飲むとおなかをこわす人がいるからだと思います。
C　ぼくは，外国の水道は断水することが多いのかなぁと予想しました。

ステップ3　外国の水道事情について資料で調べる。

　子どもたちの話し合いが，外国の水道では日本のように安全な飲料水が安定的に供給されていないのではないか，という予想におおよそ絞り込まれたら，いくつかの外国の水道事情を記した資料を配付し調べさせる。そして，調べたことを発表させ予想が正しかったか確かめさせたのち，学習のまとめと振り返りをノートに書かせる。

T　それでは，調べたことを発表してください。
C　フランスやドイツの水道水は，飲めるんだけれどカルシウムが多く含まれているので，胃や腸が弱い人が飲むとおなかの調子が悪くなることがわかりました。
C　シンガポールという国では，水が不足しているので，外国から水を輸入していると資料に書かれていました。
T　「輸入」ということは，わざわざ外国から水を買ってきているということだね。
C　雨が少なくて水源があまりない国では，海の水を真水につくり換える工場もあるそうです。

第4学年　ごみの処理と利用　全14時間

ごみの処理や利用について，事業の様子を調べ，ごみの出し方のきまりと関連付けて考え，これらの対策や事業は人々の健康な生活や良好な生活環境を守るために計画的，協力的に進められていることを理解できるようにする。

教材観・単元指導計画

本小単元は，ごみの出し方のきまり（12分別）を主な教材として構成した。その理由は，このきまりに従ってごみを分別することは，わたしたちの日常生活の一部であり，処理対策・事業の出発点でもあるからである。

小単元の展開にあたっては，ごみの処理・利用の様子を調べるだけでなく，20年前と現在のごみの出し方や処理の仕方を比べながら，12分別することの意味を考えさせる。また，最終段階では，役場の担当者から「ごみの出し方を守らない人がいて困っている。みんなにも対策を考えて欲しい」と語りかけてもらい，対策を考えさせることで子どもの社会参画意識を高める。

時	学習問題（◎単元を貫く学習問題）	主な学習活動	視点
1・2	◎わたしたちの家から分別されて出されたごみは，どのように処理されているのだろう。	○各家庭や町全体から出されるごみの量を調べる。 ○グループごとに，ごみの出し方のきまり（12分別）を見ながら分別体験をする。 ○体験を振り返り，単元の学習問題を設定する。	④
3-9	⇩	○清掃工場を見学したり，各種資料を活用したりして，12分別したごみがどのように処理されているのかを調べる。 ○12分別されたごみの旅をフローチャート（流れ図）にまとめる。	④
10・11	○なぜ，ごみの出し方を12分別にしたのだろう。 ⇩	○20年前のごみ処理の仕方を調べる。 ○20年前のきまり（3分別）に従ってごみの分別体験をし，学習問題を設定する。 ○それまでに学習したことや知識を活用しながら，12分別することにどんな利点があるか，「するとツリー」を書きながら考える。 ○役場の担当者の話（VTR）を聞いて確かめる。	④ **5** ⑥
12-14	○みんながごみのきまりを守るようにするために，わたしたちにできることは何だろう。	○役場の担当者へのインタビューVTRを見て，新たな学習問題を設定する。 ○どんな点が特に守られていないのか調べ，それをもとに自分たちにできることを考える。 ○ごみの分け方・出し方で，間違いやすい点や気をつける点を説明したポスターを作成し，地域のごみ置き場に貼ってもらう。	

056

本単元のキーとなる視点

視点5 これまでに調べてきたことを「すると…」ツリーを活用して整理・分析させ，12分別にどんな利点があるか考えさせる。

> **Before** ➡ 「地球環境を守るために12分別している」というような抽象的な説明しかできない。
>
> **After** ➡ 12分別の目的を具体的に説明できるようになる。

子どもは，ごみの減量化の目的も資源ごみのリサイクルの目的も，全て「地球環境のため」「エコのため」の一言で片付けようとすることが多い。

そこで，本時は，これまで調べてきたことを整理させながら，12分別の利点・

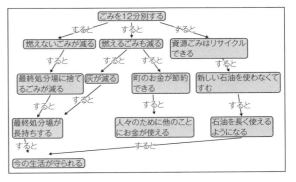

「すると…」ツリー

目的をできるだけ具体的に考えさせることにした。

その方法が上の「すると…」ツリーである。これは，上の事柄からどのような結果や効果・影響がもたらされるかを考え，矢印と「すると」という言葉でつなげていく思考ツールである。一人で考える時，グループで話し合う時，「すると」という接続詞を繰り返し使わせることで，抵抗感なく原因と結果の関係を考えさせることができる。本時の学習では，例えば次のように，12分別の利点・目的を深く具体的に考えさせることができるであろう。

1. 「ごみを12分別する。すると，燃えないごみが減る」
2. 「燃えないごみが減る。すると，最終処分場に捨てるごみが減る」
3. 「最終処分場に捨てるごみが減る。すると，処分場が長持ちする」

本時の展開例（10／14）

ステップ1 20年前のきまり（3分別）に従ってごみの分別体験をし，学習問題を設定する。

　20年前のごみ分別のきまり（3分別）が書かれたポスターを提示し，グループごとに当時のきまりで分別体験をさせる。終了後は体験の振り返りをノートに書かせ，それらの発表をとおして学習問題を設定させる。

T　20年前のルールでごみ分別体験をしてみて，どんな感想や疑問をもちましたか？
C　今の12分別に比べて，とても簡単で楽だと思いました。
C　20年前のきまりのまま3分別だったら，今も面倒くさくないのにと思いました。
C　ぼくは，なぜわざわざ面倒くさい12分別にルールを変えたのか疑問に思いました。
T　それでは，なぜごみの出し方を3分別から12分別にしたのか，改めて考えていきましょう。

ステップ2 分別して処理することの利点を個人で考え，「すると…」ツリーに書き出していく。

　ノートやフローチャートなどこれまでの学習の足跡を振り返らせながら，12分別して処理することの利点を考えさせ，「すると…」ツリーに書き出させる。

T　ごみを12分別するとどんなよいことがあるのか，「すると…」ツリーを書きながら考えてみましょう。

C ごみを12分別する。すると…エコになる。エコになると…？？？
T 「エコになる」って，例えばどういうことかな？ もっと詳しく書いてみるとツリーは広がっていくと思うよ。
C ごみを12分別すると，資源ごみをリサイクルできる。それに，燃やせないごみも減る。

ステップ3 グループで話し合いながら「すると…」ツリーを書いていく。

　個人である程度考えさせたら，今度はグループで「すると…」ツリーを書かせる。作業の途中で本時は終了時刻を迎えると思われるので，次時に続きとまとめを行うことを予告し本時を終える。

T 今度はグループになって，話し合いながら「すると…」ツリーを書いてください。
C 資源ごみをリサイクルできると，石油を使う量が減る。
C えっ！ どうしてリサイクルできると，石油を使う量が減るの？
C 例えば，ペットボトルをリサイクルしてトレイとか卵パックとかつくれば，それをつくるための石油を使わなくて済むようになるでしょう。ということは，石油を使う量を節約することができる！

C なるほど，わかった！ じゃあ，石油を使う量が減れば，どんないいことがあるんだろう？
C 石油がなくならない！
C 石油ってなくなるの？
C 石油は限りある資源だって，本で読んだことがあるよ。今，地球にある分使ったらそれで終わりだって。
C リサイクルすれば，その分長い間，今のまま石油が使えるってことだね。

第4学年　地震からくらしを守る　全9時間

地震・津波から人々を守る活動について，家庭・学校・地域・町の活動を調べ，その働きを考え，日本海中部地震の際に協力して対処したことや今後想定される災害に対し様々な備えをしていることを理解できるようにする。

教材観・単元指導計画

本小単元では，地域の関係機関や人々による自然災害への対処や備えの事例として，日本海中部地震への対処と現在の地震・津波対策を追究させる。

1983年に発生した日本海中部地震では，青森県にも津波が押し寄せ県内で17人が犠牲となった。深浦町でも，本校の近くの商店街まで津波が押し寄せ，甚大な被害を受けている。実際に地震を体験した人々から話を聞くなどして，その時の様子と関係機関の対応を調べさせたい。また，ハザードマップをつくるなどして地域をあげて防災に取り組んでいる現在の姿も調べさせ，自分たちにもできる地震・津波対策を考えさせたい。

時	学習問題	主な学習活動	視点
1	○なぜ，深浦町では5月26日を防災の日としているのだろう。	○町の行事カレンダーから，全国の防災の日の他にも町の防災の日が制定され，一斉に防災訓練が行われていることを調べ，学習問題を設定する。 ○町役場の担当者の話を読み，5月26日は35年前に日本海中部地震が発生した日であることを知る。 ○日本海中部地震の概要について資料で調べる。	②
2-4	○日本海中部地震が発生した時，深浦町の人はどのようにして命や暮らしを守ったのだろう。	○日本海中部地震発生時の記録写真を見て，学習問題を設定する。 ○地域の人に聞き取り調査を行い，日本海中部地震の時の様子を調べる。 ○日本海中部地震の記録から，地域の関係機関や人々がどのような活動を行ったのか調べる。	④
5	○青森県では，これまでにどのような災害があったのだろう。	○青森県内で発生した自然災害の写真を見て，学習問題を設定する。 ○県内で発生した自然災害について調べ，年表をつくる。	
6-8	○地震や津波から命や暮らしを守るために，わたしたちの地域では，どのような備えをしているのだろう。	○校内に備えられている避難所用の発電機を見て，学習問題を設定する。 ○学校の対策について校長先生の話を聞く。 ○役場の担当者を教室に招き，町の対策や国や県との協力について話を聞く。 ○家庭や地域の備えについて聞き取り調査を行う。 ○家庭・学校・地域・町の備えを目的別に整理する。	⑤
9	○地震や津波から命や暮らしを守るために，どんなことができるだろう。	○自分たちにできる地震・津波対策を考え，実行する計画を立てる。	

本単元のキーとなる視点

視点5 調べた家庭・学校・地域・町の地震・津波対策を短冊に書かせ、黒板に貼り出して目的別に整理・分析させる。

> **Before** ➡ それぞれの対策をばらばらに覚えているだけの状態。
> **After** ➡ 家庭・学校・地域・町が一体となって地震・津波に備えていることが理解できる。

　前時までに子どもは、家庭・学校・地域・町の地震・津波対策を調べ、それぞれを色分けして付箋紙に書き出してきた。本時は、それを短冊に書き写させて黒板上に貼り出し目的別に整理させることで、家庭・学校・地域・町が一体となって地震・津波に備えていることを理解させる。

　この学習活動には、次の3つの効果があると思われる。第一に、これまでたくさん調べてきた地震・津波対策を目的別に分類させることで、子どもの思考が整理される。第二に、黒板上で短冊を移動させながらの話し合いとなるので、どの子にも今何を考え話しているのかが伝わりやすくなり、対話の活性化が期待できる。第三に、家庭・学校・地域・町が同じ目的のために一体となって取り組んでいる様子が視覚的に明らかになるので、子どもにも容易に気づかせることができる。

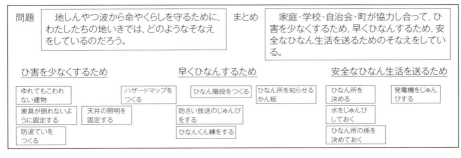

板書のイメージ　＊実際の短冊は家庭・学校・地域・町で色分けする。

本時の展開例（8／9）

ステップ1 学習問題を確認し，分類の観点について説明を聞く。

　本時までに，家庭・学校・地域・町それぞれの地震・津波対策を調べさせ，1つの対策につき1枚，色分けした付箋紙に書いて画用紙に貼らせておく。（グループごとに「コレクション」と名付けた画用紙に貼らせるようにする。）第6時からの学習問題を確認した後，今日の授業では，これまで書き貯めた付箋紙を目的別に3つに分類することを説明する。

T　今日は，学習問題を解決するために，これまで調べてきた学校や町の備えはそれぞれ何のための備えなのか，みなさんのコレクションに貼られている付箋紙を仲間分けしたいと思います。最初に，どんな仲間に分けられるか考えましょう。家で家具を倒れないようにしているのは何のためですか？
C　家具の下敷きになってけがなどしないためです。
T　そうですね。けが人などの被害を少なくするためですね。これが1つの仲間です。他には，どんな仲間がありそうですか？
C　町が避難階段をつくったのは，早く避難するためだと思います。
C　体育館に発電機があるのは，避難所での生活に困らないためです。
T　それでは，被害を少なくするため，早く避難するため，安全な避難生活をするための3つの仲間に分けてみましょう。

ステップ2 グループで話し合いながら，家庭・学校・地域・町の対策を目的別に分ける。

　グループで話し合いながら付箋紙を3つに分類させる。教師は，机間支援しながら分類の観点が正しく理解できているかどうか確認する。

T　それでは，まずはグループで付箋紙を分けてみてください。

C　まずは，町の備えを分けてみよう。

C　揺れても壊れない建物にしたのは，被害を少なくするためだよね。

C　うん。それでいいと思うよ。それと，防波堤をつくっているのも，波が来ないようにするための物だから，被害を少なくするため。

ステップ3 黒板上で短冊を移動させながら学級全体で話し合い，家庭・学校・地域・町の対策を目的別に整理する。

　まずは，グループでの話し合いをもとに，家庭・学校・地域・町の順に短冊を黒板に貼らせる。次に，黒板上の短冊が正しく分類できているかどうか自分たちのグループの分類と比べさせ，学級全体で話し合う。最後に分類して気づいたことを発表させ，学習問題に対するまとめを書かせる。

T　それでは，グループのコレクションと黒板を比べてみて，賛成・反対・質問などの意見を発表してください。

C　今，町のハザードマップをつくるという備えが，早く避難するための所に貼られているんだけど，それはなぜですか？

C　わたしたちの班では，ハザードマップには避難所の場所が書かれているので，早く避難するための所に分けました。

C　ぼくたちは，ハザードマップをつくるのは，それを参考にしながらみんなで災害に強い町をつくるためだと役場の人が言っていたから，被害を少なくするための所に分けました。

C　わたしは，どちらの意見も正しいと思うから，それは被害を少なくするためと早く避難するための真ん中に動かせばいいと思います。

T　なるほど，新しい方法ですね。みなさんはどう思いますか。

C　ぼくも賛成です。

第4学年　のこしたいもの，つたえたいもの　全9時間

立佞武多祭など県内の文化財や年中行事について，それらの様子や保存し継承するための取り組みを調べ，地域の人々の願いや努力を考え，地域の人々が受け継いできたことや人々の様々な願いが込められていることを理解できるようにする。

教材観・単元指導計画

本小単元は，以下の3つの学習内容で構成する。

第1次では，県内の主な文化財や年中行事が大まかにわかるようにするために，青森県で行われている祭りと歴史を伝える建造物について，その様子と位置を調べさせる。

第2次では，関係者の熱意と行政の協力により80年ぶりに復活した青森県五所川原市の立佞武多祭を教材に，地域の伝統の保存・継承に取り組んでいる人々の努力や願いを調べさせる。

第3次では，地域の祭りに対する時代の変化に応じた柔軟な対応を求める声とそれに反対する声をもとに，子ども自身にも選択・判断を求め，伝統の保持・継承に対する一人ひとりの考えを深めていく。

時	学習問題	主な学習活動	視点
1・2	○わたしたちの県では，どこでどのような祭りが行われているのだろう。	○県内の祭りを紹介する動画を見て，学習問題を設定する。 ○観光パンフレットやインターネットを活用して，県内の祭りについて調べる。 ○県内で行われている祭りを白地図にまとめる。	
3・4	○わたしたちの県には，どこにどのような古い建物があるのだろう。	○県内の文化財を紹介するパンフレットを見て，学習問題を設定する。 ○観光パンフレットやインターネットを活用して，県内の文化財について調べる。 ○県内の文化財を白地図にまとめる。	
5-8	○なぜ，五所川原立佞武多（たちねぶた）祭が80年ぶりに復活したのだろう。	○伝統行事廃止の新聞記事と五所川原立佞武多祭を紹介するホームページを読み，学習問題を設定する。 ○学習問題に対する予想を立て，五所川原立佞武多祭の歴史を調べる。 ○「立佞武多の館」に見学へ行き，その様子や復活の歴史について関係者から話を聞く。	② ④
9	○祭りのやり方は，人々の希望に合わせて変えるべきなのだろうか。	○地域の祭りの実施方法について，時代に合わせた変化を求める意見と反対する意見があることを知り，学習問題を設定する。 ○自分の判断とその理由をノートに書く。 ○討論会を行い，振り返りをノートに書く。	⑥

本単元のキーとなる視点

視点2 伝統行事に関わる相反する事実を伝える資料を提示することで,子どもの驚きを演出し,学習問題を発見させる。

> Before ➡ 子どもの疑問がばらばらで,授業のねらいに即した学習問題の設定が難しい。
> After ⇨ 教師の意図した疑問を発見し,授業のねらいに即した学習問題を設定することができる。

　社会科の授業で一般的に多く見られるのが,1つの資料を提示して,そこから子どもに学習問題を設定させる,あるいは教師が学習問題を提示する導入である。例えば,本時であれば,五所川原立佞武多祭の歴史年表のみを提示して,学習問題を設定させる導入が考えられるだろう。

　しかし,このようにいきなり1つの資料を提示して子どもに疑問を見つけさせた場合,子どもの疑問がばらばらで,授業のねらいに即した学習問題を設定させるのに苦労することがある。先ほどの資料で言えば,「なぜ,五所川原立佞武多は大きいのか？」「なぜ,大正時代に祭りをやらなくなったのか？」など,子どもが様々な疑問を発表し,なかなか1つの学習問題の設定に至らない事態が予想される。

　そこで,本時の導入では,五所川原立佞武多祭が80年ぶりに復活して現在に至っていることを示す資料を提示する前に,全国の60の伝統行事が担い手の減少により休廃止に追い込まれたという新聞記事を提示することにした。そうすることで,「伝統行事を続けていくことが難しい時代になっているのに,どうして逆に五所川原立佞武多祭は復活することができたのだろう」という驚きと疑問を多くの子どもに抱かせることができる。このように,子どもにとって相反する事実を伝える2つの資料を提示する方法は,授業のねらいに即した学習問題を発見させる演出として有効である。

本時の展開例（5／9）

ステップ1 伝統行事廃止の新聞記事を読んで，わかったことを発表する。

伝統行事，20県で60件休はい止

都道府県が無形民俗文化財に指定した祭りや踊りなどの伝統行事のうち，大分県佐伯市のつえ踊りなどつづけていくことが難しくなり休はい止されたものが20県で計60件あることが3日，共同通信の調査でわかった。

休はい止事例が多い県への聞き取りでは，理由として，若者の都市部への流出などによる伝統行事の担い手の減少を挙げる声が目立った。

この調査により，地域行事を続けていくことが困難になっている実態が明らかになった。

＊2017.1.3の日本経済新聞の記事を平川がやさしく直したもの

最初に，左の新聞記事の資料を配付し，全員に読ませる。その際，難しい言葉については教師が説明を加える。次に，この記事を読んでわかったことを発表させる。

- T 新聞記事を読んで，わかったことを発表してください。
- C 日本では，祭りなど地域の伝統行事を続けていくことが難しくなっていることがわかりました。
- C 地域の伝統行事を続けていくための人の数が減っていることがわかりました。

ステップ2 五所川原立佞武多祭を紹介するホームページを読み，学習問題を設定する。

まず，電子黒板に五所川原立佞武多祭を紹介するホームページを映し出し，知っていることや見に行った経験などを簡単に発表させる。次に，そこに記されている右の紹介文を読ませ，疑問に思ったことを発表させて学習問題を設定させる。

五所川原市「立佞武多祭」とは，平成10年に約80年ぶりに復刻した青森県は五所川原市にて開催される夏祭りです。

【立佞武多】と呼ばれる，高さ約23m，重さ約19トンの巨大な山車が「ヤッテマレ！ヤッテマレ！」の掛け声のもと，五所川原市街地を練り歩き，その圧倒的迫力で沿道の観客を魅了しています。

運行は立佞武多の館に展示している3台の大型立佞武多と町内・学校・愛好会などでつくられる中型，小型のねぶたと合わせ，15台前後が出陣いたします。

県内は各地にねぶた・ねぶた祭りがございますが，代表格の青森ねぶた，弘前ねぶたと共に東北でも有数の夏祭りへと発展しております。

＊立佞武多の館HPより抜粋

参考：「立佞武多の館」http://www.tachineputa.jp/festival/

T 立佞武多祭の紹介文を読んで疑問に思うことはありませんか？

C 「平成10年に約80年ぶりに復刻」という意味がよくわかりません。

T 昔はやっていたのだけれどいったんやらなくなって，約80年後に祭りを復活させたという意味です。

C えー！ それなら，さっきの新聞記事とは逆なので，何で立佞武多は復活できたのか疑問です。

C わたしも，なぜ五所川原の立佞武多祭がなぜ復活したのか知りたいです。

ステップ3 学習問題に対する予想を立て，五所川原立佞武多祭の歴史を調べる。

　学習問題設定後，個人で予想を立てさせ，その後，全体で話し合わせる。伝統の復活を目指す地域の人々の存在に追究の視点が絞られたら，五所川原立佞武多祭の歴史を示す資料を配付し調べさせる。

T みなさんの立てた予想を発表してください。

C ぼくは，自分たちの市の伝統の行事だからもう一度やりたいって思う人が集まって，みんなで始めたからだと思います。

C わたしは，市長さんが是非復活させようって考えて，もう一度祭りを始めたんだと思います。

C ぼくは，祭りに協力してくれる人を募集して，たくさんの人が集まったから復活できたんだと思います。

T それぞれの予想について，賛成意見や反対意見，つなげる意見を発表してください。

C ぼくは，市長さんが始めたという意見に反対です。たとえ市長さんでも，一人の考えでは祭りは復活できないと思います。

C わたしは，3つの予想はどれも似ていると思います。何か復活させたいと思って頑張った人がいたということだと思います。

第2章　6つの視点で授業改善！主体的・対話的で深い学びの実践例●067

第4学年　特色ある地域と人々のくらし～城を守るまち・弘前市～　全7時間

弘前城・弘前公園を中心に伝統的な文化を保護・活用している弘前市について，その取り組みを調べ，毎年たくさんの観光客が訪れる理由などを考え，人々が協力してまちづくりに取り組んでいることを理解できるようにする。

教材観・単元指導計画

本小単元では，弘前城や弘前公園を保護・活用して観光の振興と特色あるまちづくりを進めている青森県弘前市を教材として構成する。

現存天守である弘前城をもとにした弘前公園は，年間200万人以上の人が訪れる津軽地方随一の観光スポットである。特に，園内に約2600本植えられている桜の美しさは，市民の誇りとなっている。本小単元では，弘前市の人々が協力し合ってこの弘前城や弘前公園を保護・活用してきたことを具体的に調べさせ，自分たちの県に対する理解を深めたい。

時	学習問題	主な学習活動	視点
1・2	○なぜ，弘前公園にはたくさんの観光客が訪れるのだろう。	○弘前市について知っていることを発表し合い，弘前市の位置を確認する。 ○自分たちの市と弘前公園の年間の観光客数を比べ，学習問題を設定する。 ○予想を立て，話し合う。 ○弘前公園で行われるイベントとその観光客数，公園内の施設について調べる。 ○弘前城にたくさんの観光客が訪れる理由をまとめる。	② ③ ⑤
3・4	○弘前市の人たちは，どのようにして弘前城・弘前公園を守ってきたのだろう。	○弘前城が約200年前の江戸時代に建てられた物だということを調べ，学習問題を設定する。 ○弘前城の歴史を調べ，わかったことを年表にまとめる。 ○現在行われている石垣修理事業について調べる。	⑤
5	○どのようにして，弘前公園の桜は守られてきたのだろう。	○資料から弘前公園には日本最古のソメイヨシノなど約2600本の桜の木があることを調べ，学習問題を設定する。 ○公園の樹木の世話を専門とする桜守の仕事とその歴史を調べる。	
6	○なぜ，弘前公園の周りにある自動販売機は茶色なのだろう。	○弘前公園の周りにあった茶色の自動販売機の写真から学習問題設定する。 ○予想を立て，話し合う。 ○弘前公園周辺の景観を守ろうとする弘前市の取り組みについて調べる。	② ③
7		○弘前城や弘前公園のある弘前市を県外の人にアピールする新聞記事を書く。	

本単元のキーとなる視点

視点3 話し合いの途中で，濃茶色の自動販売機にすることが条例で決められていることを示す資料を提示し，予想を絞り込ませる。

> Before ➡ 話し合いをしても予想を絞り込むことができない。
> After ⇨ 条例で決められているという事実をもとに反対意見が出されるようになり，予想を絞り込むことができる。

本時は，弘前公園周辺に置かれた濃茶色の自動販売機を教材に，弘前市の人々が，景観条例を定めるなどして公園周辺地区の景観を守るために取り組んでいることを理解させる。

本時の学習問題「なぜ，弘前公園の周りにある自動販売機は茶色なのだろう」に対して，子どもはおそらく次のような予想を立てるものと思われる。

ア　そのお店の人が茶色が好きだから。
イ　茶色にすると，めずらしいからジュースがたくさん売れると思って。
ウ　茶色の自動販売機にすると売れるかどうかそこで実験しているから。
エ　まちの景色に何色が合うか地区の人で話し合って茶色に決めたから。

次に，これらの予想を話し合いにより絞り込んでいきたいのだが，ただ意見を求めるだけでは，アに対する「茶色が好きな人が弘前にだけ多いとは考えられない」という反対意見ぐらいしか期待できないであろう。

そこで，本時では「新しく自動販売機を設置する際は濃茶色にすること」と定めている弘前市景観条例の抜粋を資料として話し合いの途中で提示する。この資料を提示することにより，「濃茶色という決まりがある」という事実をもとにア，イ，ウの予想に対する反対意見を出させることができる。また，赤や青の自動販売機を濃茶色にすることにどんな利点があるのか，その目的に話し合いを焦点化することもできる。

本時の展開例（6／7）

ステップ1　自分たちの市にある自動販売機と弘前公園周辺の自動販売機の写真を見比べて，学習問題を設定する。

　最初に，自分たちの市にあるジュースの自動販売機の写真を何枚か見せる。次に，弘前公園周辺の濃茶色の自動販売機を何枚か見せ，気がついたことや疑問に思ったことを発表させる。そして，学習問題を設定させる。

T　まずは，この写真を見てください。
C　ジュースの販売機だ！
C　これ，コカ・コーラの販売機だよね。
T　これらの写真は，わたしたちの市にあった自動販売機の写真です。次に，弘前公園の周りにあった自動販売機の写真を見てください。
C　えー，茶色だ！
C　茶色のコカ・コーラなんて初めて見た。
T　気づいたことや疑問を発表してください。
C　どうして，弘前公園の周りの自動販売機は茶色なのか疑問に思いました。
T　本時の学習問題は何にしますか？
C　なぜ，弘前公園の周りの自動販売機は茶色なのか調べたいです。

ステップ2　学習問題に対する予想を立て，話し合いにより周りの景色に合わせた色にするよう決めているのではないかという仮説に絞り込む。

　まず，一人ひとりで予想を考えさせノートに書かせる。次に，ノートに書いた予想を発表させ，話し合いをさせる。話し合いが進展しなくなってきたら，弘前市景観条例の抜粋（簡単にしたもの）を資料として提示し，更に予

想の絞り込みをさせる。

T　では，ここで先生が見つけた資料を見てください（弘前市景観条例の抜粋を提示する）。この資料からどんなことがわかりますか？

C　弘前市のきまりで，弘前公園の周りの自動販売機は濃茶にするように決められています。

T　だとすると，これは違うなと思う予想はありませんか？

C　わたしは，イの「茶色にすればめずらしいからたくさん売れる」という予想は違うと思います。弘前市のきまりとは，関係ないと思うからです。

C　ぼくは，ウの「たくさん売れるかどうか実験している」という予想も違うと思います。実験と弘前市の決まりは関係ないからです。

C　ぼくは，エの予想も違うと思います。地区の人が話し合って決めたのではなく，弘前市のきまりだからです。

T　どうして，弘前市は弘前公園の周りの自動販売機は濃茶色でという決まりをつくったんだろうねえ。

C　その理由だけは，わたしはエの予想に賛成で，まちの景色に何色が合うか考えたからだと思います。

C　濃茶色にしなければ，木でつくった枠で囲むようにきまりに書いてあるから，赤とか青とかの色を見えないようにしたかったんだと思います。

C　赤とか青だと，弘前城の雰囲気と合わないからじゃないかなあ。

C　弘前公園の中は木がいっぱいだし，木でできた古い建物ばかりだし。

ステップ3　弘前公園周辺の景観を守ろうとする弘前市の取り組みについて調べる。

　弘前市景観条例の概要（目的や自動販売機の色以外の取り決め）が書かれた資料を配り調べさせる。最後に，弘前市の担当者の話を文章資料にしたものを読ませ，本時の学習をまとめさせる。

第2章　6つの視点で授業改善！主体的・対話的で深い学びの実践例 ● 071

第5学年　世界の中の国土　全4時間

世界の国々や日本について，国旗や位置などを調べ，言葉で説明する方法を考え，日本の国土の位置や構成，領土の範囲などを大まかに理解できるようにする。

教材観・単元指導計画

　本小単元は，2つの活動，すなわち，デザインや配色が似ている国旗を見つける活動と世界の国や日本の位置を言葉だけで相手に伝える活動を中心に構成する。そして，その活動をとおして，世界の大陸と主な海洋，主な国の位置，日本の国土の構成，領土の範囲などを大まかに理解させる。

　世界の国旗に関しては，約100カ国の国旗カードを提示して活動させるが，それら全ての国々の国名と位置を覚えさせようとするものではない。また，国旗のデザインや配色が似ている理由を調べるのも発展的な内容なので注意が必要である。いずれも，世界の国々への興味・関心を高めることが目的であるので，指導の際には留意したい。

　国の位置を言葉だけで伝える活動では，大陸名や海洋名と方位を用いて説明する方法，周囲の国名と方位で説明する方法，緯度・経度を用いて説明する方法，国土の特色で説明する方法などが考えられる。様々な説明方法を考えさせることをとおして，日本の国土の様子を捉えさせるようにしたい。

時	学習問題	主な学習活動	視点
1・2	○世界には，どんな似ている国旗があるのだろう。	○日本とアメリカの国旗の意味・由来を調べる。 ○コロンビア・エクアドル・ベネズエラの国旗を見て，学習問題を設定する。 ○グループで国旗が似ている国を見つけ，位置を調べる。 ○気づいたことや疑問をノートに書き，発表し合う。 ○それらの国々は，なぜ国旗が似ているのか調べる。	2
3	○世界の国の位置は，どのように説明すればよいのだろう。	○前時に調べた国の位置を他のグループの人に言葉だけで伝えることに挑戦し，学習問題を設定する。 ○グループで説明の仕方を考える。 ○世界の大陸と主な海洋名を調べる。 ○緯度や経度について調べる。	2 3
4	○日本の国の位置は，どのように説明すればよいのだろう。	○母国の友人に日本の位置を電話で教えたいというALTのお話から学習問題を設定する。 ○グループで説明の仕方を考える。 ○国土の構成や領土の範囲を調べる。	2

072

本単元のキーとなる視点

視点2 　国旗は国民のまとまりのしるしであることを理解させた上で、デザインや配色が似ている国旗を提示し、学習問題を見つけさせる。

> Before ➡ 教師に指示されたから取り組んでいるだけで、その作業的な学習の結果に子どもが関心をもっていない。
> After ⇨ 問題意識をもち主体的に作業的な学習に取り組むようになる。

　白地図に色を塗ったり、カードを分類したりといった作業的な学習には、次の2つの効果がある。一つは、作業をとおしての気づきや疑問である。資料の読み取りが苦手な子にも実感的に事実を捉えさせることができるし、小さなこと、目立たないことにも気づかせることができる。もう一つは、学習活動の変化である。読む・書く・話す・聞くの4つの活動が多くなる日常の授業に少しでも変化が加わると、子どもの集中力は確実にアップする。

　ただし、子どもが比較的意欲的に取り組むであろう作業的な学習であっても、しっかりと問題意識をもたせた上でスタートさせなければ、主体的な学びは実現できない。子ども自身にその作業をしてみたいと思わせるような導入、あるいは、少なくともその作業の目的を理解させるような導入の演出が必要だと思われる。

　そこで、本小単元では、似ている国旗を探す作業をさせるにあたって、次のように導入を演出して子ども自身に学習問題を発見させる。

1. 日本とアメリカの国旗を例に、国旗はそれぞれの国民がそのまとまりのしるしとして決めたもので、それぞれに意味や由来があることを説明する。
2. コロンビア・エクアドル・ベネズエラの国旗を順番に提示し、国旗のデザインや配色が似ている国があることに驚かせる。
3. 100枚の国旗カードの束を見せ、学習問題を考えさせる。

第2章　6つの視点で授業改善！主体的・対話的で深い学びの実践例 ● 073

本時の展開例（1／4）

ステップ1　世界には国旗のデザインや配色が似ている国があることを知り，学習問題を設定する。

コロンビア

エクアドル

ベネズエラ

　最初に日本とアメリカの国旗を提示し，国旗はそれぞれの国民がそのまとまりとして決めたもので，それぞれに意味や由来があることを説明する。ここでは，特にそれぞれの国民が決めたということを強調し，「国によって様々な異なる国旗が決められているだろう」という予想を子どもにもたせる。次に，左のコロンビア・エクアドル・ベネズエラの国旗を順に提示し，デザインや配色がとても似ている国旗があることに気づかせる。そして，子どもに学習問題を考えさせる。

T　（3つの国旗を順番に提示して）この3つの国の国旗を見てどう思いましたか？
C　似てる！　ほんのちょっと違うだけだと思います。
C　わたしは，他にも似ている国旗を見たことがあります。
C　どうして，こんなに似ているんだろう？
T　（国旗カードの束を見せて）各グループの分の国旗カードを準備してきましたが，調べたいことはありますか？
C　他にも似ている国旗があるか調べてみたいです。

ステップ2　グループごとに世界の国旗カードから似ている国旗を見つけ，それらの位置を調べる。

　まず，グループごとに机の上に国旗カードを広げさせ，似ている国旗を見

つけさせる。そして，ある程度見つけたら，先ほど示した３カ国，コロンビア・エクアドル・ベネズエラの位置を電子黒板で提示し，子どもたちに「近いから国旗が似ているのかも？」という予想をもたせる。その上で，国旗が似ている国の位置を調べさせる。

○十字旗（デンマーク・スウェーデン・フィンランドなど）
○三日月と星の国旗（トルコ・パキスタン・チュニジアなど）
○赤・白・黒の横三色旗（エジプト・イラク・シリアなど）
○ユニオン・ジャックを取り入れた国旗（オーストラリア・ニュージーランドなど）
○緑・黄・赤の三色旗（エチオピア・ガーナ・カメルーンなど）
○青・白・青の横三色旗（ホンジュラス・エルサルバドル・ニカラグアなど）
○植物の国旗（レバノン・カナダなど）

ステップ3 本時の授業を振り返り，気づいたことや疑問を発表し合う。

　本時の学習を振り返り，気づいたことや疑問をノートに書かせる。その後，ノートに書いたことを発表させ，次時の学習につなげる。

C　国旗が近い国は，近いところにあるのがわかりました。
C　国旗はそれぞれの国で決めるシンボルなのに，どうして近い国だと似ているデザインや色になるのか疑問に思いました。
C　イギリスの国旗が，なぜ世界中のいろいろなところの国旗に取り入れられているのか不思議でした。
C　カナダには，楓の木がたくさん生えているのか調べてみたいです。
C　なぜ，国旗が似ている国があるのか疑問に思いました。
T　それでは，次の時間は，それらの国の国旗が似ている理由をインターネットで調べてみましょう。

第2章　6つの視点で授業改善！主体的・対話的で深い学びの実践例●075

第5学年　あたたかい土地のくらし〜沖縄島〜　全4時間

沖縄島の人々の生活や産業の様子について，農業の様子や家の造りなどを調べ，自分たちの地域の生活と異なる理由を考え，国土の自然条件が人々の生活や産業と密接な関連をもっていることを理解できるようにする。

教材観・単元指導計画

　本小単元では，暖かい気候の事例地として沖縄県を選択し，さとうきびづくり，小菊づくり，屋根の上の給水タンクを主な教材として，国土の自然条件が人々の生活や産業と密接な関連をもっていることを理解させる。

　まず，さとうきびづくりでは，台風に見舞われることが多い沖縄県の農家が，その対策として強風に倒されてもまた立ち上がるさとうきびを栽培していることを理解させる。

　次に，小菊づくりでは，暖かい気候を生かして，高い値段で売れる12月と３月にあわせて花を生産・出荷していることを捉えさせる。

　最後に，屋根に給水タンクをのせている家が多い理由を調べさせ，気候だけでなく地形などの自然条件に応じて生活している姿を浮き彫りにする。

時	学習問題	主な学習活動	視点
1	○なぜ，沖縄県では，さとうきびづくりが盛んに行われているのだろう。	○沖縄県について知っていることを発表し合う。 ○さとうきびの実物を見たり，沖縄県の農産物別生産額を調べたりして学習問題を設定する。 ○さとうきびづくりが盛んに行われている理由を予想し，調べる。 ○沖縄県の台風の被害について説明を聞く。	② ③
2	○なぜ，沖縄県では，小菊づくりが盛んに行われているのだろう。	○電照菊栽培の写真を見て，光に当たる時間によって花が咲く時期が決まる菊の性質について説明を聞く。 ○都道府県別の小菊の生産額を調べ学習問題を設定する。 ○東京都の市場で取引される小菊の数を調べ予想を立てる。 ○菊づくり農家が12月と３月に多く出荷する理由を調べる。	② ③
3・4	○なぜ，沖縄県では，屋根の上にタンクをのせた家が多いのだろう。	○コンクリート造りの家が建ち並ぶ沖縄県の写真を見て，気づいたことや疑問に思ったことを話し合い，学習問題を設定する。 ○タンクに関する資料や沖縄県の雨温図を見ながら，タンクをのせている理由を予想する。 ○インターネットの資料などで，タンクをのせている理由を調べる。	② **③**

本単元のキーとなる視点

視点3 予想について話し合っている途中で，タンクに関する資料や雨温図を提示し，話し合いを深める。

> Before ➡ 憶測の意見ばかりが続き話し合いが深まらない。
> After ➡ 事実に基づいた意見が出されるようになり，子ども自身の力で予想を絞り込んでいけるようになる。

本時において，子どもは沖縄県で屋根の上にタンクをのせた家が多い理由を次のように予想するものと思われる。

　ア　タンクを子どもの手が届くところに置くと危険だから。
　イ　タンクを置くスペースがないから。
　ウ　水不足に備えて。
　エ　家を冷やすための何かを入れておくために。

これらを簡単に分析してみると，アやイの予想を立てた子どもは，タンクの中身はともかく屋根の上という設置場所に着目して予想を立てている。一方，ウやエの子どもは，家にタンクを設置している目的・理由に着目している。更に，ウの子だけは，タンクの中身を水と特定して考えている。

このように予想の視点が定まらない状態で話し合いを続けても，なかなか考えは深まっていかない。

そこで，本時においては，このタンクが貯水タンクであることを示す資料（製品カタログ）と沖縄県那覇市の雨温図をそれぞれ話し合い中の次のタイミングで提示することにした。まず，話し合いの早い段階で，子どもがタンクの中身に疑問をもったら，製品カタログを提示しアやエの予想を否定する根拠にさせる。次に，大部分の子どもの予想がウの水不足に偏り始めたら，雨温図を示し雨は十分に降っていることに気づかせて，思考に揺さぶりをかける。この段階で，雨量以外の水不足の原因を子どもに考えさせたい。

本時の展開例（3／4）

ステップ1 コンクリート造りの家が建ち並ぶ沖縄県の写真を見て，気づいたことや疑問に思ったことを話し合い，学習問題を設定する。

　最初に，沖縄の住宅街の写真を見せて気づいたことや疑問に思ったことをノートに書かせる。次に，ノートに書いたことを発表させ，コンクリート造りの家が多い理由，白い壁の家が多い理由などを考えさせる。そして，その流れの中で，屋根の上のタンクに着目した意見が出されたら，その意見を採り上げ疑問を明確にして学習問題を設定させる。

T　写真を見て気づいたことや疑問に思ったことを発表してください。
C　コンクリートの家が多いと思います。
C　ぼくは，何でコンクリートの家が多いのか疑問に思いました。
C　わたしは，沖縄は台風が多いから風で家が壊れないように丈夫なコンクリートで家を建てて，かわらも使わないんだと思います。
T　他に気づいたことはありますか？
C　屋根の上に，何かタンクのようなものをのせている家が多いと思います。
C　ぼくは，なぜタンクを屋根の上にのせているのか疑問に思いました。
T　確かに，わたしたちの周りの家ではあまりタンクをのせている家はありませんね。では，今日の学習問題はどうしますか？

ステップ2 タンクを屋根にのせている理由を予想して話し合う。

　学習問題を設定したら，まずは個人で予想を立てさせる。そして，個人で立てた予想を全て発表させた上で，絞り込みのための話し合いを開始する。

T　それぞれの予想について，賛成意見や反対意見，質問などを発表してく

ださい。

C　ぼくは，ウの予想に賛成です。沖縄は暑いから水をたくさん使うので，水不足に備えているのだと思います。

C　わたしは，イの予想に賛成です。写真を見ても狭いところに家が混み合って建てられているから，屋根の上にタンクをのせたんだと思います。

ステップ1　タンクに関する資料や那覇市の雨温図を見て，予想を絞り込む。

　予想について話し合わせる中，前述したタイミングでタンクのカタログや雨温図を提示して，話し合いを深めるようにする。予想が絞り込まれ，次時に確かめたいことがある程度明らかになったら本時の学習を終了する。

C　アの予想に質問なんですが，なぜ，タンクを子どもが触れば危険なのですか？

C　何か，ガスのようなものが入っていて，いたずらでスイッチみたいなのを触れば危険だからです。

C　えっ，先生，タンクの中身ってガスなんですか？

T　他のみなさんは，タンクに何が入っているんだろうって思いませんでしたか？　先生も疑問に思ったので，調べてきました（カタログを提示する）。

C　そうか！　やっぱり水のタンクだったのか。

C　だとしたら，アの予想は違うと思います。水だったら特に危険はないと思います。

C　そうすると，やっぱり水不足に備えるためだと思います。

T　では，このグラフを見てください（那覇市の雨温図を提示する）。

C　沖縄って，台風も多いし，雨もたくさん降るんだよね。水不足にならないんじゃない？

C　雨は降るけど，水不足になるんじゃないの？　森林がないとか……

第2章　6つの視点で授業改善！主体的・対話的で深い学びの実践例●079

第5学年　米づくりのさかんな地域　全10時間

米の生産の様子について，生産工程や技術の向上などを調べ，日本の稲作の課題やその解決策を考え，それらは自然条件を生かして営まれており，国民の食料を確保する重要な役割を果たしていることを理解できるようにする。

教材観・単元指導計画

本小単元では，子どもたちが暮らす青森県津軽平野の米づくりを主な教材として構成する。

耕作放棄地の増加，稲作農家の減少・高齢化など，深刻な課題が山積している日本の稲作。その課題を解決するために，ブランド米の開発など様々な努力を重ねる稲作農家や関係機関。双方関連づけながら理解させたい。

時	学習問題	主な学習活動	視点
1	○なぜ，津軽平野では米づくりが盛んに行われるようになったのだろう。	○津軽平野の航空写真と土地利用図を見て学習問題を設定する。 ○米づくりが盛んな理由を予想する。 ○津軽平野の気候や地形を調べる。 ○農協の人から米づくりが盛んな理由を聞く。	③
2-5	○どのようにして米づくりを行っているのだろう。	○米づくりについて知っていること，知らないことを発表し合い学習問題を設定する。 ○米づくりの1年間について教科書や資料集で調べる。 ○稲作農家へ見学に行き，インタビューする。 ○米づくりの1年間を作業暦にまとめる。	④ ⑤
6	○どのようにして「青天の霹靂」は生まれたのだろう。	○新ブランド米「青天の霹靂」発売の新聞記事を読み，学習問題を設定する。 ○「青天の霹靂」のHPで誕生物語や系統図を調べる。	
7	○なぜ，きれいな長方形の水田が増えたのだろう。	○ほ場整備前後の写真を見て，学習問題を設定する。 ○ほ場整備を進める理由を予想し，米づくりの作業別労働時間の変化などを調べる。 ○自分が稲作農家だったら，農業用機械の大型化・高性能化で困ることがないか考える。	② ④ ⑥
8	○青森米は，どのようにして消費者のもとへ届けられているのだろう。	○青森米のイベント・キャンペーンが全国各地で行われていることを調べ，学習問題を設定する。 ○流通について資料集やインターネットで調べる。	⑤
9	○なぜ，何も植えられていない水田が増えてきたのだろう。	○耕作放棄地の写真と面積の推移を表したグラフを見て学習問題を設定する。 ○耕作放棄地が増えた理由を予想し，インターネットで調べる。	③
10	○耕作放棄地を減らすために，どのような取り組みが行われているのだろう。	○日本の米づくりを元気にする取り組みを調べる。 ○調べた取り組みの中から最も効果的だと思うものを選び，その理由と共に記事カードに書く。	⑤

本単元のキーとなる視点

視点6 自分が稲作農家だったら,大型機械の活用を進めることで困ったことが起きないか考えさせる。

> Before ➡ 農業の機械化のプラス面だけしか理解していない。
> After ➡ 機械化のプラス面とマイナス面,双方を理解し稲作農家の現状を捉えることができるようになる。

これまでの小学校社会科の授業は,とかく社会の物事や出来事のプラス面ばかりに焦点を当てがちだった。プラス面もあれば必ずマイナス面もあるはずなのだが,「まだ小学生だから……」と,マイナス面を扱うのを敢えて避けようとする教員の意識が根強かったためだと思われる。

しかし,プラス面ばかりを考えさせていたのでは,新学習指導要領の各学年の目標にある「社会に見られる課題を把握して,その解決に向けて社会への関わり方を選択・判断する力」は決して身に付かない。社会的事象の見方・考え方を育成するためにも,マイナス面を含めて,物事や出来事のさまざまな影響・関連を考えさせる深い学びの実現が求められているのである。

そこで,本時の授業では,ほ場整備により可能となった大型機械の活用で,稲作農家の仕事がどのように変化したのか,作業の効率化というプラスの面ばかりでなく,マイナス面も考えさせることにした。具体的には,小型の農業機械(トラクタ・田植機・コンバイン)の写真を見せた後,大型の農業機械の写真を見せ,自分が稲作農家だとしたら大型機械を導入することで何か困ったことが起きないか考えさせる。そして,それぞれの機械の値段を示して,導入には莫大な費用がかかることを理解させる。

本時の展開例（7／10）

ステップ1 津軽平野のほ場整備前と整備後の写真を見て学習問題を設定する。

最初に津軽平野のほ場整備前の写真を提示し，本小単元の第1時に提示した現在の写真（整備後）と比べて気づいたことなどを発表させる。そして，疑問に思ったことから学習問題を設定させる。

T　写真を比べて，気づいたことや疑問に思ったことを発表してください。
C　現在は，30年前に比べて田んぼが長方形でそろっていると思います。
C　どうして，全部長方形にしたのか疑問に思いました。

ステップ2 ほ場整備を進める理由を予想し，米づくりの作業別労働時間の変化などを調べる。

まず，ほ場整備を進める理由を予想し話し合わせる。次に，稲作農家のお話を読ませたり，米づくりの作業別労働時間の変化（グラフ）を調べさせたりして，自分たちの予想が正しいかどうか確かめさせる。その際，黒板にチョークでほ場整備前後の水田を表した小さく複雑な形と大きな四角形を描き（塗りつぶし），黒板消しで消させる作業を1，2名の子どもにさせる。このことでほ場整備により大型機械で効率よく作業が進められるようになることを実感させる。

> 稲作農家のお話
> わたしたち稲作農家は，国や県とお金を出し合って，農作業をしやすくするために，30アール区画を標準にほ場整備を進めてきました。
> このことによって，大型で性能のよい機械を使って効率よく作業を進められるようになりました。

T　どうして，水田を大きな長方形にすると大型の機械を使えるようになるのかわかりますか？
C　よくわかりません。

T では，この黒板消しを稲刈りに使う大型コンバインだと考えて，2つの
　 水田の稲を刈ってみましょう。塗りつぶされているチョークが消された
　 ら，稲が刈られたと考えてください。Aさん，代表で稲を刈ってみてく
　 ださい。
C 大きな長方形の方が,速く上手に消せます！ まっすぐ動かせばいいから。

ステップ3 自分が稲作農家だったら，農業用機械の大型化・高性能化で
　　　　　 困ることがないか考える。

　小型の農業機械（トラクタ・田植機・コンバイン）の写真を見せた後，大
型の農業機械の写真を見せ，自分が稲作農家だとしたら大型機械を導入する
ことで何か困ったことが起きないか考えさせる。そして，費用に着目した意
見が出されたら，小型・大型それぞれの値段を示し，莫大な費用がかかるこ
とを理解させる。最後に資料集を読ませ，機械の大型化にかかる費用が大き
な問題となっていることを確かめさせる。

T （写真を提示しながら）このような小型機械を使っていたのが，このよ
　 うな大型機械を使えるようになって，短い時間で作業が終えられるよう
　 になったのですね。では，もし，みなさんが稲作農家だったら，このよ
　 うな大型機械を使うようになって，何か困ることは起きませんか？
C 大型機械を使うのは楽でいいんだけれど，機械を買うのにお金がかかる
　 と思います。
C 実際，いくらくらいするのかなあ？
T では，この機械の値段を見てみましょう。
C えー！ 小さなトラクタでも100万円もするの！ じゃあ，大きいのは？
C 大型は1300万円！ 考えられない！ 農業機械って，高い物なんだなぁ。
C 機械が大型化して作業時間が短くなったのはよかったけれど，こんなに
　 費用がかかるのでは，よかったのか悪かったのかよくわからないなぁ。

第2章　6つの視点で授業改善！主体的・対話的で深い学びの実践例●083

第5学年　果物づくりのさかんな地域　全11時間

津軽平野のりんご生産について，自然条件，生産方法，流通過程，品種構成などを調べ，農家の工夫や努力を考え，それらは自然環境や社会的条件，消費者の需要と関わりをもって営まれていることを理解できるようにする。

教材観・単元指導計画

　本小単元では，津軽平野（青森県）のりんご生産が自然環境や社会的条件，消費者の需要と密接な関わりをもって営まれていることを子どもに理解させたい。そのため，自然環境との関わりでは生産に適した夏の冷涼な気候と水はけのよい地形を，社会的条件との関わりでは人手不足を補う「わい化栽培」を，消費者の需要との関わりでは品種改良とCA冷蔵庫への貯蔵を，それぞれ子どもに調べさせる。

時	学習問題	主な学習活動	視点
1	○なぜ，津軽平野ではりんごづくりが盛んに行われているのだろう。	○全国のりんご生産量の58%を青森県が占めていることを調べ，学習問題を設定する。○りんごの生育に適した自然条件と津軽平野の自然条件を調べ，りんごの生産が盛んな理由を考える。	③
2-6	○津軽平野のりんごづくりは，どのように行われているのだろう。	○自然のままのりんごの木が約8mまで育つのに，津軽平野のりんご園の木は平均4.5mであることを調べ，学習問題を設定する。○りんご農家を見学し，りんご農家の1年の仕事やおいしいりんごをつくるための工夫，作業しやすいりんご園をつくるための工夫を調べる。	④
7	○なぜ，青森県のりんごは1年中出荷することができるのだろう。	○月ごとの都道府県別取扱量のグラフから学習問題を設定し，予想を立てる。○資料から品種ごとの出荷時期を調べる。○CA冷蔵庫について資料で調べる。○なぜ，CA冷蔵庫に入れてまで夏に出荷するのか，理由を考える。	② ③ ⑥
8	○なぜ，約50年前，大量のりんごが山や川に捨てられたのだろう。	○青森りんごの歴史年表から学習問題を設定し予想を立てる。○消費者が求める味の変化により国光という品種の価格が暴落したことを調べる。	②
9・10	○なぜ，りんご農家の人は一番高く売れる「ふじ」以外の品種もつくるのだろう。	○りんごの各品種の市場価格とりんご農家の品種構成の帯グラフを比較し，学習問題を設定する。○聞き取り調査や資料から，りんご農家が一番高く売れる「ふじ」以外の品種もつくる理由を調べる。	② ⑥
11		○日本中の人に津軽平野のりんごづくりをアピールする記事カードを書く。	

本単元のキーとなる視点

視点6 りんごの生産から流通までの過程を追究した後,改めてりんご園の品種構成の資料を示し,子どもの学びを深める。

> Before ➡ りんご農家が,費用やリスクを考えて工夫しながら生産を行っていることに気づいていない。
> After ⇨ りんご農家は,品質や価格だけでなく費用やリスクも考えているということに気づくことができる。

農業に対する子どもの理解は,次のように深まっていくものと思われる。

1 農家は,おいしい物をたくさんつくるために工夫して生産している。
2 農家は,品質を高めるため,効率よく生産するため,高い価格で出荷するために工夫して生産している。
3 農家は,品質や生産効率,価格だけでなく,費用やリスクも考えて工夫して生産している。

前時までの学習で,ほとんどの子どもの理解は 2 の段階にあるが,本時はこれを 3 の段階まで深めることをねらいとして構成した。

2 の段階にある子どもは,りんご農家の品種構成を「一番高く売れる『ふじ』ばかりを植えているに違いない」と考えるはずである。しかし,実はどの農家も,数種類の品種をバランスよく育てている。品種構成の資料を見た時に,「なぜ?」という問題意識が子どもの中に自然に生まれるだろう。その後の追究で以下の4点の理由をつきとめさせ,子どもの理解を深めたい。

ア 出荷時期の分散により人件費を削減するため。
イ 晩生種の「ふじ」が台風や雪の被害に遭った時に経済的な被害を最小限に抑えるため。
ウ 消費者の需要・嗜好の急激な変化にも対応できるようにするため。
エ 消費者の多様な需要に応えるため。

本時の展開例（9／11）

ステップ1　各品種の市場価格を調べ，もしも自分がりんご農家だったら，どの品種をどれくらい植えるか考えさせる。

　青森県内3市場での各品種の市場価格を提示し，どの市場でも「ふじ」が一番高値で売られていることに気づかせる。そして，もしも自分がりんご農家だったらどの品種をどれくらい植えるか考えさせる。

T　もしも自分がりんご農家だったら，みなさんはどの品種をどれくらい植えますか？　帯グラフに表してみてください。
C　ぼくは，100％全部「ふじ」にします。なぜなら，「ふじ」が一番高く売れるからです。
C　ぼくも，りんご農家は仕事なので，収入ができるだけ増えるように100％「ふじ」を植えます。
C　わたしは，ほとんど90％ぐらい「ふじ」を植えて，残りの10％を王林とジョナゴールドにします。売るためには「ふじ」をたくさんつくれば収入が増えるけれど，自分で他の品種も食べたいからです。

ステップ2　実際にりんご農家がどの品種をどれくらい植えているか帯グラフを提示し，学習問題を見つけさせる。

　見学に行ったりんご農家やその他の農家がどの品種をどのくらい植えているのか帯グラフを提示して，学習問題を見つけさせる。

T　では，みなさんが見学でお世話になったりんご農家の斎藤さんは，どの品種をどれくらい植えていると思いますか？
C　ほとんど「ふじ」だと思います。

C　わたしも90％くらいは，「ふじ」だと思います。

T　それでは，斎藤さんのりんご畑の品種を調べてみましょう（帯グラフを提示する）。

C　えー！　他の品種をこんなに植えているの？

C　「ふじ」が60％だなんて，思ったよりずいぶん少ないなぁ。

T　他のりんご農家のりんご畑も調べてきたので，資料を見てください。

C　やっぱり，どの農家も「ふじ」以外を意外に多く植えているなあ。

T　何かこれから調べてみたいことはありますか？

C　なぜ，りんご農家は一番高く売れる「ふじ」以外の品種もこんなにつくるのか調べてみたいです。

T　それでは，それをこれからの学習問題にしましょう。

ステップ３　りんご農家が「ふじ」以外の品種もつくる理由を予想し話し合わせる。

　まず，学習問題に対する予想を立てさせる前に，りんご畑全体に「ふじ」を植えた時のメリットとデメリットを考えさせる。その後，各自に改めて予想を立てさせ，話し合わせる。

T　まず，学習問題に対する予想を立てる前に，りんご畑全体に「ふじ」を植えた時に，どんなよい点や悪い点があるか考えてみましょう。

C　よい点は，高い値段で売れるので収入が増えることです。

C　全部同じ育て方をすればよいので，手間がかからないと思います。

C　昔，「国光」という品種の人気が急に落ちて大量に売れ残ったことがあったので，「ふじ」の人気が落ちた時に困ると思います。

C　「ふじ」は取れる時期が遅いので，もし収穫の前に台風が来たらその年のりんごは全滅になります。

T　では，今の意見も参考にしながら学習問題の予想を立てましょう。

第２章　６つの視点で授業改善！主体的・対話的で深い学びの実践例●087

第5学年 これからの食料生産とわたしたち 全5時間

日本の食料生産の現状について，食料自給率低下の原因と問題点などを調べ，これからの食料生産のあり方を考え，それらが重要な役割を果たしていることを理解できるようにする。

教材観・単元指導計画

食料生産に関わる学習のまとめとなる本小単元は，次の2点の理由により，食料自給率の問題を主な教材として構成する。第一に，食料自給率の低下は，これまで学習してきた生産者の減少や消費者の食生活の変化など，様々な原因が関連して起こった問題であるので，既習事項を活用して多角的に考える力を養うのに適しているからである。第二に，グローバル化の進展に伴って，食料自給率の問題は，今後ますます大きな社会問題としてクローズアップされることが予想されるからである。

最終的には，子どもに食料自給率問題の解決策を考えさせることで，様々な立場から多角的に考える必要性を理解させたい。

時	学習問題	主な学習活動	視点
1	○わたしたちが食べている食料の中には，どれくらい外国から輸入したものが含まれているのだろう。	○「天ぷらそばの材料の生産国」を調べ，国産材料の割合を実物で実感する。 ○日本の現在の食料自給率を調べる。	② ④
2・3	○なぜ，日本の食料自給率が下がってきたのだろう。	○「日本と外国の食料自給率の変化」のグラフから，学習問題を設定する。 ○食料自給率が下がってきた理由を予想する。 ○「主な食料の自給率の変化」を食生活の欧米化と関連づけながら読み取り，自給率低下の原因を考える。 ○「国産と輸入農産物の値段」のグラフから，自給率低下の原因を考える。 ○「主な国の一人あたりの耕地面積」から，アメリカなどの農産物が安い理由を考える。	③
4	○なぜ，多くの人が将来の食料輸入に対して不安を感じているのだろう。	○「将来の食料輸入に対する意識」のグラフから学習問題を設定する。 ○「世界人口の変化」「世界の耕地面積の変化」のグラフから，予測される将来の世界の食料事情を考える。 ○その他，食料不足が起こる原因として考えられていることを調べる。 ○輸入農畜産物の安全性の問題を調べる。	③
5	○食料自給率を高めるために，どのような対策を行えばよいのだろう。	○食料自給率を高めるための対策をグループで考え，その対策のよい点（プラス面）を表に書く。 ○他のグループの対策とそのよい点を読み，問題点（マイナス面）がないかを考える。 ○他のグループの指摘を受けて，対策を見直す。	⑤

本単元のキーとなる視点

視点5　食料自給率を高めるための具体的な対策を，プラス・マイナス表を作成しながら考えさせる。

> Before ➡ 思いつきの解決策で簡単に解決できると勘違いしている。
> After ➡ 解決の難しさを実感しつつ，効果と問題点，両方を考えながら解決策を話し合えるようになる。

　社会問題の解決策を子どもに考えさせると，他者の立場は考慮に入れず身勝手な対策を主張することが少なくない。例えば，本小単元の食料自給率の問題であれば，次のような意見が予想させる。
　ア　給食を全て国産の食材でつくるようにする。
　イ　農家に大豆をたくさんつくってもらう。
　これまでの授業では，このようなアイディアであっても小学生なりに考え判断すればOKとする授業も少なくなかった。
　しかし，本来，社会問題の解決策は，様々な立場から多角的にその効果と問題点が検討され，様々な調整が重ねられた上で決定するものである。先のア・イの意見に対してであれば，小学生であっても「国産の食材だけにすれば給食費が高くなる」「国内で大豆をたくさん生産しても，価格が高ければ売れない」といった問題点の指摘は可能であろう。
　そこで，本小単元では，模造紙に右の「プラス・マイナス表」を印刷し，付箋紙にその対策のプラス面を書いて貼らせるようにした。そして，終末には，他のグループからのマイナスの意見を受けて，改善策を考えさせるようにした。

食料自給率を高めるための対策
（　　　）班

対策案	プラス面	マイナス面	改善策

プラス・マイナス表

本時の展開例（5／5）

> **ステップ1** 本時の学習問題を確認し，グループで具体的な対策とその対策のよい点（プラス面）を考える。

　本時の学習問題を確認した後は，まず，これまでのノートや資料を見直しながら，思いつくままに解決策を付箋紙に書き出させる。そして，グループでおすすめの対策を3つ選び，その効果（プラス面）を書いた付箋紙と共に，プラス・マイナス表に貼らせる。

T　食料自給率を高めるために，どのような対策を行えばよいのか考え，付箋紙に書いてください。
C　給食を毎日ご飯給食にすればいいと思う。
C　週に2回はパンや麺など小麦の主食がでているから，それを米にする分自給率が上がるよ。
C　耕作放棄地が増えているって勉強したから，そこに大豆やトウモロコシを植えればいいんじゃないかな。
C　そうすれば，とっても低い大豆やトウモロコシの自給率が上がるよね。

> **ステップ2** 他のグループの対策とプラス面を読み，問題点（マイナス面）がないか考える。

　自分たちのプラス・マイナス表は机の上に置かせ，グループごとに巡回し，他のグループの表を読むように指示する。その際，付箋紙と鉛筆を持たせ，その対策に問題点（マイナス面）がないか考えさせる。

T　他のグループの考えた対策に問題点がないか考えて，付箋紙を貼ってください。

C　毎日ご飯の給食だと、パンや麺が好きな人は、給食が楽しみじゃなくなると思うよ。
C　耕作放棄地に大豆やトウモロコシを植えるのだって、農業をする人が増えなければ育てられないんじゃないかな。

> **ステップ3** 他のグループのマイナス面の意見を読み、改善策を考える。

　自分の机に戻り、自分たちの考えた対策のマイナス面として指摘されたことを読ませる。そして、どのような改善を加えればマイナス面を克服できるか考えさせ、改善策の欄に付箋を貼らせる。

T　いろいろマイナス面が出されましたが、「ちょっと変更すればマイナス面に書かれたことを解決できる」という対策もあると思います。どのように改善すればよいか考えてみましょう。
C　週に1回はパンや麺の日をつくるようにすれば、パンや麺が好きな人も我慢できるだろうし、1日分だけど食料自給率が上がるんじゃないかな。
C　前に勉強した米粉パンや米粉うどんなんかも使えばいいんじゃないかな。
C　農業をやりたいと思っている人に広い耕作放棄地を安く売るようにすれば、農業をする人も増えると思うんだけど。それに、広い畑でつくれば、今よりも費用をかけずに生産できると思うし。
C　日本はおいしい作物をつくるのは得意だから、えさ用のトウモロコシはあきらめて、とってもおいしい大豆をつくるようにすればどうかな。そうすれば、きっと少しくらい高くても国産の大豆を買ってくれると思うけど。
C　う〜ん。食料自給率を高めるって難しいなぁ。実際には、どんな対策に取り組んでいるのかな？

第5学年 自動車をつくる工業 全8時間

自動車をつくる工業について，製造の過程や製品の輸送，開発などを調べ，働いている人の工夫や努力を考え，消費者の需要や社会の変化に対応しながら効率よく生産していることを理解できるようにする。

教材観・単元指導計画

　本小単元は，工業生産に関わる人々が，優れた製品を効率よく生産するために様々な工夫や努力をしていることを理解させるため，自動車工場の製造過程，製品の輸送や開発を主な教材として構成する。

　具体的には，第1次では，流れ作業，機械化など，自動車を正確に効率よく生産するための工夫を追究させる。第2次では，多くの工場が港や高速道路の近くに立地していること，運搬船に15cm間隔で自動車を積み込み輸出していることなどを調べさせ，輸送費用を抑える工夫をしていることに気づかせる。そして，第3次では，どのような自動車を開発しているのか具体的に調べさせ，それらをその目的によって分類させることで，消費者のニーズや社会の要請に応じた製品を開発しようとしていることを捉えさせる。

時	学習問題	主な学習活動	視点
1-5	○なぜ，トヨタ自動車の工場では，たくさんの自動車を正確に生産することができるのだろう。	○自動車1台の部品の数とトヨタ自動車堤工場の1日あたりの生産台数を知り，学習問題を設定する。 ○たくさんの自動車を正確に生産できる理由を予想し，話し合う。 ○各種資料を活用し，自動車の生産過程を調べる。 ○ライン生産シミュレーションを体験し，そのよさや問題点を考える。 ○たくさんの自動車を正確に生産できる理由について話し合う。	② ③ ❹
6	○なぜ，ほとんどの自動車工場が，港や高速道路の近くにあるのだろう。	○自動車工場の分布図と自動車積み出し港の分布図・高速道路網の図から，学習問題を設定する。 ○自動車運搬船を使った輸送の様子について各種資料で調べる。 ○時間がかかるのに船で輸送する理由を考える。	③
7	○トヨタ自動車の工場では，どのような自動車の開発が行われているのだろう。	○ハイブリッドカーの特徴を調べ，学習問題を設定する。 ○現在，どのような自動車の開発が行われているのか資料で調べる。 ○「地球環境のため」「安全のため」「ノーマライゼーションのため」など，何のための開発なのか考えながら調べたことを仲間分けする。	⑤
8		○小単元の学習を振り返り，4年生にどの自動車工場の工夫について教えるか考え，記事カードに表現する。	

092

本単元のキーとなる視点

視点4 ライン生産シミュレーションを体験させることで，そのよさや問題点を実感的に捉えさせる。

> Before ➡ 流れ作業のよさがよくわからず，具体的に説明できない。
> After ➡ よさや問題点を，自分の言葉で説明できるようになる。

　流れ作業（ライン生産）が効率的であることは，大人にとっては常識である。しかし，多くの子どもは，何台もの自動車がベルトコンベアに乗せられて次々に部品を取り付けられていく様子を見ても，それが毎日たくさんの自動車を生産できる秘密だとは考えられない。おそらく，日常生活の中で，流れ作業のよさを実感した経験がほとんどないからだと思われる。

　そこで，本小単元では，ライン生産シミュレーションを子どもに体験させ，そのよさや問題点を実感的に捉えさせることにした。シミュレーションと言っても，そんなに大げさなものではなく，紙に印刷した数個の自動車部品をはさみで切り取り，マジックで色を塗り，台紙にのりで貼り付けていく程度の作業である。進め方としては，まず最初に，10分間，個人ごとに貼り絵の自動車を作成させ，学級全体で何台完成できるかチャレンジさせる。次に，部品を切り取る係，色を塗る係，貼り付ける係と役割分担をし，同じく10分間で何台完成できるかライン生産させる。そして，最後に完成した台数とその出来映えを比べ，体験をとおしてわかったことなどを振り返らせる。

　このシミュレーションにより，子どもは，教科書を読んだり，教師の説明を聞いたりしただけではよくわからなかった「効率よく生産する」とは具体的にどのようなことなのか，実感を通して理解できるようになる。また，ライン生産のよい点や問題点に気づき，自分の言葉で話せるようになる。

　なお，ライン生産が途中で滞らないようにするためには，各作業にかかる時間や人数など，教師の細かな調整が必要なので注意したい。

本時の展開例（3／8）

ステップ1 シミュレーションの目的を確認する。

　現在追究している学習問題，前時の学習でわかったことや疑問に思ったことを発表させ，ライン生産シミュレーションの目的を確認する。そして，シミュレーションの進め方を説明し，理解させる。

T　前回の授業で，どのようなことがわかりましたか？
C　機械をたくさん使っているからたくさんの自動車を正確に生産できるという，ぼくたちの予想があっていることがわかりました。
C　その他にも，機械を使うことによって，人間がやれば危険な作業を安全に行うことができるということもわかりました。
T　では，どのような疑問が残りましたか？
C　自動車をベルトコンベアに乗せて順番に部品を取り付けていく流れ作業が，たくさんの自動車を正確に生産する秘密と言えるのかどうかです。
T　そこがみなさんの意見の分かれたところでしたね。今日は，実際にシミュレーションをして，みなさんの疑問を確かめてみましょう。

ステップ2 ライン生産シミュレーションを体験する。

　最初に，10分間，個人で貼り絵の自動車づくりにチャレンジさせる。次に，教師の指示のもと係分担をし，机を並び替えてライン生産シミュレーションをさせる。10分後，個人作業で完成した貼り絵，ライン生産で完成した貼り絵をそれぞれ黒板に掲示し，その台数と出来映えを比べさせる。

T　それでは，ライン生産で貼り絵の自動車をつくりましょう。
C　だんだん慣れてきた！　スピード，アップ！

C　はさみだけ使うから楽！　マジックやのりに持ち替えなくてもいい。

C　絶対こっちの方が速いよ！　どんどんできあがっていく！

C　でも，同じことばかりやってるから，ちょっと飽きてきたなぁ。

ステップ3　シミュレーションを振り返り，ライン生産がたくさんの自動車を正確に生産できる秘密と言えるかどうか考える。

　最後にシミュレーションを振り返って，わかったことや感想などをノートに書かせる。そして，書いたことを発表させ，流れ作業がたくさんの自動車を正確に生産できる秘密と言えるかどうか考えさせる。

T　ライン生産を体験してみて，どのようなことがわかりましたか。

C　ライン生産の方が速く生産できるということがわかりました。

C　わたしも，予想していたよりもすごく速く生産できるということがわかりました。

C　その速さの理由なんですけど，わたしは，道具を持ち替える必要もないし，同じ作業を繰り返してだんだん慣れていくから速いと思いました。

C　できあがった貼り絵を見ると，個人作業で完成した貼り絵は丁寧なものや正直言って雑なものも混ざっていてバラバラなんだけれど，ライン生産で完成した貼り絵は，どれも同じような出来映えだと思いました。

C　ぼくは感想なんですが，ライン生産は次々に自動車が流れてきて焦るし，同じ作業ばかりで飽きるから，個人作業の方が楽しいと書きました。

T　それは，ライン生産の大きな問題点かもしれませんね。それでは最後に，ライン生産は，自動車工場がたくさんの自動車を正確に生産できる秘密の1つと言えるでしょうか？

C　言えると思います。今日のシミュレーションで，自動車工場ではベルトコンベアに自動車を乗せてライン生産しているから，速く正確に生産できるのだということがわかりました。

第2章　6つの視点で授業改善！主体的・対話的で深い学びの実践例●095

第5学年　わたしたちの生活と森林　全6時間

　森林資源と国民生活との関連について，森林資源の働きや育成・保護の取り組みを調べ，森林資源が果たす役割を考え，森林資源を保護していくことの大切さを理解できるようにする。

教材観・単元指導計画

　本小単元では，森林の3つの側面を学ばせることを通して，森林資源の保護の大切さを理解させる。一つ目は，木材の利用と生産の側面である。世界でも有数の森林国である日本が，古くから生活の様々な場面で木材を利用してきたこと，それを支える林業の仕事について理解させたい。二つ目は，森林の公益的な働きである。漁師が植林するという子どもにとって意外な取り組みをきっかけに，具体的に調べさせたい。三つ目は，荒廃した森林が増えている日本の現状である。森林資源を守るためには，人の手が必要であることに気づかせたい。

時	学習問題	主な学習活動	視点
1	○なぜ，日本人は昔から木材をたくさん利用してきたのだろう。	○日本と外国の伝統的な家屋の写真を比べ，日本の家屋には木材がたくさん使われていることに気づく。 ○家屋以外の何に木材が利用されているか知っていることを発表すると共に，日本人は1年間に一人で杉の木3本くらい木材を利用していることを知り，学習問題を設定する。 ○主な国の国土に占める森林割合を調べる。	②
2	○どのようにして，木材は生産されているのだろう。	○人工林を育てる林業の仕事について教科書や資料集で調べる。 ○木材の輸入量の変化について調べる。	⑥
3	○なぜ，漁師さんたちが山で植林しているのだろう。	○漁師さんたちが大漁旗を掲げ植林している写真を見て，学習問題を設定する。 ○植林する理由を予想し，話し合う。 ○植林していた漁師さんへのインタビュー動画を見て，予想を確かめる。	② ③
4・5	○森林には，どのような働きがあるのだろう。	○前時のインタビュー動画から学習問題を設定する。 ○資料集などを活用して森林の働きを調べる。 ○砂場で山をつくり，森林の山崩れを防ぐ働きを実験する。 ○保安林について調べる。	④
6	○なぜ，日本では元気のない森林が増えているのだろう。	○林業を営む佐藤さんのお話から，学習問題を設定する。 ○『絵で見る森林・林業白書』を読み，元気のない森林が増えている理由を調べる。 ○「木材を利用することが森林を守ることにつながる」という佐藤さんの言葉の意味を考える。	⑥

本単元のキーとなる視点

視点4　砂山を利用した実験で，森林の山崩れを防ぐ働きを実感させる。

> **Before** ➡ 森林の働きを丸暗記して覚えているだけで，その大切さを切実に感じてはいない。
> **After** ⇨ 森林の大切さを切実に感じ，森林資源の保護を自分事として考えらえるようになる。

　森林の数ある働きを，教科書や資料集で調べさせ覚えさせただけでは，子どもはなかなか森林の大切さを感じ取ることができない。「山崩れを防ぐ」「水を蓄える」「きれいな水を生み出す」などと書かれていても，それを読んだだけでは，具体的にどのような働きをしているのかイメージできないからである。

　もし近くに森林があるのであれば，実際に行ってスポンジのように水を含んでいる腐葉土を踏みしめさせてみたり，清水がわき出ている様子を観察させてみたりすればよいのだが，そのような環境にある学校も少ないであろう。

　そこで，本小単元では，砂山を利用した簡易的な実験で，山崩れを防ぐ森林の働きを実感させることにした。手順は以下の通りである。

1. 砂山をつくり，雨に見立てて上からじょうろで水をかけてみる。
　→砂山はすぐに山崩れを起こす。これが森林のない山の状態。
2. 同じような砂山をつくり，森林に見立てた木の枝を砂山のいたる所にある程度深く挿す。そして，じょうろで水をかけてみる。
　→なかなか山は崩れない。森林が山崩れを防ぐ原理。

　特別な準備物もなく，砂場に出てから10分ほどでできる実験であるが，枝を挿した砂山は予想以上に崩れず，子どもから驚きの声が上がることも多い。このように森林の働きを実感させることによって，子どもは，森林資源の保護を自分事として考えられるようになる。

本時の展開例（4／6）

ステップ1 前時のインタビュー動画から学習問題を設定する。

　最初に，前時の漁師さんへのインタビュー動画を見せて前時の学習を振り返らせる。そして，その動画の中で話されていた「森林は，わたしたちの生活を支える様々な働きをしている」という言葉に着目させ，学習問題を設定させる。

T　今度は，疑問に思うことやもっと調べたいことがないか考えながらインタビュー動画を見てみましょう（動画を見せる）。
C　「わたしたちの生活を支える様々な働きをしている」と言っていたんだけど，様々な働きってどんな働きなのか疑問に思いました。
C　わたしも，森林の働きについてもっと調べてみたいと思いました。
T　では，今日の学習問題は，「森林には，どのような働きがあるのだろう」にしましょう。

ステップ2 教科書や資料集などを活用して森林の働きを調べる。

　学習問題設定後，まず，知っていることや聞いたことがあることを発表させる。次に，教科書や資料集などを活用して森林の働きについて調べさせる。

T　森林の働きについて，知っていることや聞いたことがあることを発表してください。
C　ぼくは，森林が空気をきれいにするって聞いたことがあります。
C　わたしも，確か何かの本で森林が空気をきれいにするって読みました。
C　二酸化炭素を吸って酸素をつくるんだよね。
T　よく知っているねぇ。もっとありますか？

C　鳥や動物のすみかになるって，テレビで見たことがあります。

C　森林が少なくなって，野生の猿や熊が人里に出てくるようになったって，ぼくもテレビで見ました。

T　なるほど！　森林にはたくさんの働きがありそうですね。それでは，今発表されたことも含めて，森林の働きを教科書や資料集で調べてみてください。

ステップ3　砂場で山をつくり，森林の山崩れを防ぐ働きを実験する。

　授業終了15〜20分前になったら，調べる活動をいったんやめさせ，砂場で実験をすることを告げる（調べる活動の続きは，次の社会の時間に行わせる）。そして，砂場に移動し，砂山の実験を行わせる。

T　それでは，森林の山崩れを防ぐ働きについて，砂山を使って簡単な実験を行いたいと思います。まずは，砂山をつくってください。（砂山ができたら）それが森林のない山です。では，そこにじょうろで雨を降らせてみましょう。

C　わぁー！　崩れていく！

T　山の下にまちがあったらどうなりますか？

C　たいへんだ！　まちまで流されてしまう！

T　では，次にもう一度砂山をつくってください。今度は山に森林がある場合です。落ちている枝を拾ってきて，このように山にたくさん挿してください。この枝が森林だと考えてください。

C　はい。できました！　森林もばっちりです。

T　では，森林のある山にじょうろで雨を降らせてみてください。

C　おー！　今度は崩れないなあ。強い。強い。

C　まちが守られている！

C　森林があるとないとでは大違いだね。

第2章　6つの視点で授業改善！主体的・対話的で深い学びの実践例　099

第5学年 情報産業とわたしたちのくらし 全6時間

新聞の情報について，掲載されている情報の内容やそれらの情報を集め発信する新聞社の仕事を調べ，情報産業が国民生活に果たす役割を考え，大きな影響を及ぼしていることを理解できるようにする。

教材観・単元指導計画

　本小単元では，次の2点の理由により地方紙を主な教材として構成する。第一に，新聞は，情報が活字となって記録されているので，次々に情報が流されていくテレビと比べ，子どもが自分のペースで情報を読み取ることができるからである。第二に，地方紙は，全国紙にはない地域に密着した多様な情報が掲載されているだけでなく，スポーツの記事では地域のチームを応援する立場が鮮明であり，新聞社が情報を収集・選択・編集していることを子どもに理解させやすい。

　指導にあたっては，まず，情報の内容に目を向けさせ，それらと人々の生活との関連を調べさせる。次に，情報の量に着目させ，毎日大量の情報を収集・編集・発信する新聞社の働きを追究させる。そして，単元の終末には，複数の新聞の情報を比較させることにより，新聞によって伝えられる情報は，意図をもって収集・選択・編集したものであることに気づかせる。

時	学習問題	主な学習活動	視点
1・2	○新聞には，どのような情報が書かれているのだろう。	○新聞にどんな情報が掲載されているか，改めて思い起こしてみるとよくわかっていないことに気づき，学習問題を設定する。 ○グループごとに，新聞によって伝えられる情報の内容を調べる。 ○それらの情報がなぜ掲載されているのか，保護者の意見を聞いたり，新聞社に問い合わせたりして調べる。	④
3-5	○なぜ，新聞社は毎日15万字もの情報を発信することができるのだろう。	○新聞紙面を全部広げると，どれくらいの広さになるか床で貼り合わせると共に，1日の紙面の総字数を知り，学習問題を設定する。 ○新聞ができるまでの仕事についてインターネットの資料などで調べる。	② ③ ④
6	○なぜ，同じ試合なのに，新聞によって記事に書かれていることが違うのだろう。	○あるJリーグ試合について，グループごとに別々の新聞記事を読ませ，わかったことや疑問を発表させることで学習問題を設定する。 ○それぞれ記事を比べ，なぜ違いが生まれたのか考える。	②

本単元のキーとなる視点

視点2 　新聞1日分の紙面を全部広げ貼り合わせる体験をさせるなどして驚きを演出し，学習問題を見つけさせる。

> Before ➡ 数値からだけではその情報量の多さが実感できず，子どもが学習問題を見つけられない。
> After ⇨ その情報量に驚き，学習問題を見つけられるようになる。

　新聞社の仕事に関して子どもが最も驚くのは，毎日発信するその情報量である。自分はB4用紙1枚分の学習新聞を何日も苦労して書き上げているのに，新聞社はその数十倍もの分量の紙面を毎日発信し続けている。その事実に直面させれば，「なぜ，そんなにも速く大量の情報を発信できるのだろう」という疑問をもたせることができるはずである。

　しかし，朝刊1日分の文字数が約15万字であるとか，1日分の紙面を貼り合わせるとこれくらいの面積になるとか，教師が数字でその分量を捉えさせようとしても，子どもは思うように実感できないことが多い。「1億字くらいあると思った」などと平気で言うのが小学生なのである。

　そこで，本時の導入では，朝刊1日分の文字数を数字で伝える前に，紙面を全部広げ貼り合わせる体験をさせ，驚きの演出をすることにした。実際に苦労して何枚もの紙面を貼り合わせ，目の前に1日分の記事が大きく広げられれば，子どももその分量を実感できるものと思われる。その上で，毎日約15万字という数字を提示すれば，子どもはその情報量の多さに驚き，スムーズに学習問題発見へとつながることが期待できる。

　社会科の授業では，教師が子どもに教材に関する何かの量を伝え疑問をもたせようとすることがよくあるが，上にも記したとおり，数字を伝えただけでは子どもがぴんとこないことも多い。そのような時は，体験的な活動をさせることで，驚きを演出することができる。

本時の展開例（3／6）

ステップ1 新聞1日分の紙面を全部広げ貼り合わせる体験をし、学習問題を見つける。

　まず、新聞にはどのような情報が書かれているのか、前時までの学習を振り返る。次に、本時は毎日どれくらいの量の情報を伝えているのかに注目することを伝え、1日分の紙面を全部広げ貼り合わせる体験をさせる。この時、新聞は表裏両面に情報が印刷されているので、2部を貼り合わせなければその情報量を実感できないので注意が必要である。体験後は、子どもに感想などを発表させた上で、新聞1日分の情報量を文字数で表すと約15万字であることを伝え、学習問題を設定させる。

T　新聞1日分の情報を貼り合わせてみて、どんな感想をもちましたか？
C　予想よりも面積が広くなって、すごい大量の情報だと思いました。
C　わたしは、記事もそうだけど、広告も結構多いと感じました。
C　いったい何文字くらい書かれているのか疑問に思いました。
T　みなさんが普段書いている原稿用紙1枚は400字です。それと比べて、新聞1日分の文字数は、約15万字だそうです（桁をそろえて数字を板書し、その多さを数的に実感させる）。
C　すごい！　毎日よくそんなに書けるなぁ。
T　これから、何を調べたいですか？
C　なぜ、新聞社が毎日そんなに大量の情報を発信できるのか調べたいです。

ステップ2 取材から新聞発行までの速さに着目しながら予想を立てる。

　学習問題設定後は、一人ひとりノートに予想を書かせ、発表させる。そして、予想が出そろったら話し合いをさせ、追究の見通しをもたせる。

T それでは，ノートに書いた予想を発表してください。

C ぼくは，たくさんの新聞記者が協力して書いているからだと思います。

C わたしは，いろいろ記事を分担して，いろいろな場所に分かれて書いているからだと思います。

C インターネットのいろいろなサイトを見て，情報を集めているからだと思います。

C ぼくは，すごい高速な印刷機を使っているのかなあと思いました。

T それぞれの予想について，反対や賛成意見，つなげる意見はありませんか？

C わたしは，高速な印刷機は関係ないと思います。多くの家に配るには印刷機のスピードも大切だけど，発信する情報の量にはあまり関係ないと思うからです。

C ぼくは，インターネットで情報を集めるという予想に反対です。インターネットには嘘の情報もあふれていると聞いたことがあるから，新聞は確かな情報しか発信しないと思うので，インターネットは使わないと思います。

C 協力と分担は似ている予想なのでつなげればいいと思います。どちらも多くの人が協力して新聞記事を書いていることだと思うからです。

ステップ3 新聞ができるまでの仕事についてインターネットなどの資料で調べる。

　最後に，新聞がどのようにしてつくられているのか，新聞社発行のパンフレットや新聞社のホームページなどで調べさせる。まずは，取材から印刷・配送までのおおよその過程を捉えさせ，その後，それぞれの詳細を調べさせるようにする。次時以降も追究の時間を保障し，毎日大量の情報を発信する，新聞社の秘密に迫らせる。

第2章　6つの視点で授業改善！主体的・対話的で深い学びの実践例 ● 103

第6学年 子育て支援の願いを実現する政治 全7時間

政治の働きについて，市の子育て支援事業の内容や計画から実施までの過程などを調べ，政治の働きを考え，政治は国民生活の安定と向上を図るために大切な働きをしていることを理解できるようにする。

教材観・単元指導計画

本小単元は，子どもたちが暮らすつがる市の子ども医療費助成制度及び子育て支援事業を主な教材として構成する。平成23年から市独自で給付対象者を中学生まで拡大した同制度が，どのような過程を経て実施に至ったのか具体的に調べさせることで，市民の願いに基づく市役所や市議会の役割など，市民生活の安定と向上を図る政治の働きについて理解させたい。

時	学習問題	主な学習活動	視点
1	○なぜ，つがる市の小中学生の医療費は無料なのだろう。	○病院の会計でのやりとりを想起すると共に，隣接の市との違いを資料で調べ，学習問題を設定する。 ○予想を立て話し合う。 ○つがる市の子ども医療費助成制度について調べる。 ○新たな疑問を発表し合う。	② ③ ④
2	○どのようにして，子ども医療費助成制度ができたのだろう。	○前時の疑問から学習問題を設定する。 ○予想を立て話し合う。 ○子ども医療費助成制度ができるまでの過程を資料で調べる。	③
3	○つがる市では，他にどのような子育て支援を行っているのだろう。	○つがる市の子育て支援事業について，市のホームページで調べる。 ○子育てに関する市民アンケートの結果と市の事業内容や計画を比べてみる。	
4	○市役所の人は，どのような仕事をしているのだろう。	○市役所と市長の仕事について，担当者から話を聞く。 ○市長がどのようにして選ばれるのか，資料で選挙について調べる。	
5	○市議会は，どのような仕事をしているのだろう。	○市議会の仕事について，担当者から話を聞く。 ○市議会議員がどのようにして選ばれるのか，資料で選挙について調べる。	
6	○市が事業を行うための費用は，どのようにしてまかなわれているのだろう。	○市の歳入と歳出を調べる。 ○税金について資料で調べる。	
7	○安心して子育てできる市にするために，どのように政治が進められているのだろう。	○子育て支援事業がどのようにして計画され，実施されているのか，これまで調べたことをもとに順番に並べて整理する。 ○わかったこと，考えたことを発表し合う。	⑤

本単元のキーとなる視点

視点2 ロールプレイングで日常生活の経験を想起させるなどして驚きを演出し,学習問題を発見させる。

> Before ➡ 自分の生活との関連が感じられず,自分事の問題として捉えられない。
> After ➡ 自分事として,問題意識をより強く感じさせることができる。

　子どもが暮らすつがる市には,中学卒業までの医療費助成制度があるが,隣接の市にはその制度がない。したがって,子どもは病院の会計窓口などで,前の人は医療費を支払っているのに自分は無料,といった経験を何度かしているはずである。もしかすると,その時に疑問を感じた子どももいるであろう。本時は,その経験を想起させることで,自分事の問題として本小単元の学習内容を捉えさせたい。

　具体的には,次のように導入を展開することで,学習問題「なぜ,つがる市の小中学生の医療費は無料なのだろう」を発見させる。

1. 病院の会計窓口の場面を想定したロールプレイングを行う。教師が病院の会計役,1人目の子が隣接の市に暮らす小学生役,2人目の子がつがる市に暮らす小学生役。病院の会計は1人目の子には医療費を請求するが,2人目の子には請求しない。
2. ロールプレイングを振り返り,これまでに同様の経験をしたことがないか発表させる。
3. 1年間にかかる子どもの医療費の平均額をグラフで提示する。
4. 「つがる市に住む小中学生だということを示す受給資格証を窓口に出せば,医療費は無料になります」という病院の会計職員の話を文章資料として提示する。
5. 本時の学習問題を考えさせる。

本時の展開例（1／7）

ステップ1 ロールプレイングをとおして病院の会計でのやりとりを想起すると共に医療費について資料で調べ，学習問題を設定する。

　最初に，病院の会計窓口の場面を想定したロールプレイングとその振り返りを行わせる。次に1年間の医療費の平均額と病院の会計職員の話という2つの資料を提示して，学習問題を発見させる。

T　これまでに，今のロールプレイングのような経験をしたことがある人はいませんか？
C　わたしは，よく耳鼻科に行くのですが，そこで同じような経験をしたことがあります。
C　ぼくは，たまたま親戚の子といっしょにインフルエンザの予防接種をしに行ったことがあって，その時，ぼくは無料なのに親戚の子はお金を払っていて不思議に思いました。
T　子どもの医療費が1年間にどれくらいかかるのか，資料を見つけたので見てください（子ども一人あたりの1年間の医療費のグラフを提示する）。
C　10歳から14歳までで8万7千円もかかるの！？
C　0歳から4歳までだと22万3千円，すごい高い！
T　それと，病院の会計職員の方に話を聞いたら，次のようにお話ししてくれました（文章資料を提示する）。
C　やっぱり，つがる市の子どもは無料になるのか。
C　なぜ，つがる市の子だけ無料になるのだろう？

ステップ2 予想を立て話し合う。

　学習問題設定後は，個人で予想を立てさせる。そして，ノートに書かれた

予想を全部発表させ，予想を絞り込むための話し合いをさせる。

T では，それぞれの予想について反対や賛成，つなげる意見などを出してください。

C ぼくは，病院の人がサービスしてくれているから，という予想に反対です。つがる市の子どもだけサービスしてくれているというのは不公平なので，あり得ないと思います。

C わたしは，つがる市の人の分を誰かが寄付してくれているからという予想に反対です。1人で約9万円もかかるので，全員分を寄付したらすごい金額になるので，それを毎年寄付できる人なんていないと思います。

C わたしは，つがる市のきまりがあるからという予想に賛成です。きっと，市長さんが決めたんだと思います。

C ぼくも，何かきまりのようなものがあるんだと思います。

ステップ3 つがる市の子ども医療費助成制度について調べる。

　つがる市だけの何かきまりのようなものがあるのではないか，というような予想に考えが絞り込まれたら，子ども医療費助成制度の内容が書かれた資料を提示して，調べさせる。そして，わかったことや疑問を発表させ，本時の学習のまとめを記入させる。

C つがる市には，子どもの医療費やインフルエンザの予防接種を無料にする制度があることがわかりました。

C 県外の病院に行った時も無料になることがわかりました。

C なぜ，つがる市にだけその制度があるのか疑問に思いました。誰がその制度をつくったのか知りたいです。

T 次の時間は，どのようにしてその制度ができたのか調べることにしましょう。では，今日の学習問題に対するまとめを書いてください。

第2章　6つの視点で授業改善！主体的・対話的で深い学びの実践例 ● 107

第6学年 縄文のむらから古墳のくにへ　全7時間

狩猟・採集や農耕の生活，古墳，大和朝廷（大和政権）による統一について調べ，農耕の始まりと生活や社会の変化との関連を考え，むらからくにへと変化したことを理解できるようにする。

教材観・単元指導計画

　本小単元は，三内丸山遺跡・板付遺跡・吉野ヶ里遺跡と大仙古墳を主な教材に，狩猟・採集の生活をしていた縄文のむらが農耕の始まりをきっかけに，くに，そして，国へと変遷していく様子を追究させる。併せて，むらのかしらが豪族，そして，くにの王となり，やがてくにの連合政権のリーダーである大王が出現する過程を学ばせる。

　本小単元は，年代的にも約1万5000年前から7世紀までと広範囲で，様々な遺跡や遺物を扱うため，子どもの理解も断片的なものになりがちである。むらから国の形成過程に沿って思考を整理し，構造的に理解させたい。

時	学習問題	主な学習活動	視点
1	○縄文のむらの人々は，どのようなくらしをしていたのだろう。	○三内丸山遺跡の写真などから学習問題を設定する。 ○縄文のむらの人々のくらしについて調べる。	
2	○弥生のむらの人々は，どのようにして米づくりを行っていたのだろう。	○板付遺跡の想像図などから学習問題を設定する。 ○弥生のむらの米づくりについて調べる。 ○なぜ，米づくりが中国・朝鮮半島から伝わり日本中へと広がっていったのか理由を考える。	⑥
3・4	○なぜ，弥生時代にむら同士の争いが起こるようになったのだろう。	○吉野ヶ里遺跡の想像図から学習問題を設定する。 ○争いが起こるようになった理由を予想する。 ○争いによりむらからくにが形成されていく様子をロールプレイングで再現する。 ○邪馬台国と卑弥呼について調べる。	③ ④
5	○大仙古墳は，どのようにしてつくられたのだろう。	○大仙古墳の広さを学区周辺地図に重ね，その大きさを実感することで学習問題を設定する。 ○古墳の出土品や古墳づくりの様子について調べる。 ○渡来人の活躍について調べる。 ○なぜ，こんなに大きな古墳をつくったのか理由を考える。	② ⑥
6	○なぜ，奈良県や大阪府に大きな古墳がたくさんあるのだろう。	○前方後円墳の分布図から学習問題を設定する。 ○学習問題に対する予想を話し合う。 ○大和朝廷（大和政権）について調べる。 ○その頃の神話について調べる。	③
7	○どのようにしてむらから国ができあがっていったのだろう。	○むらから国が形成されていった過程をグループごとにフローチャートにまとめる。	⑤

本単元のキーとなる視点

視点4 むらからくにが形成され，かしらが豪族，王となっていく過程をロールプレイングで再現し，実感をとおして理解させる。

> Before ➡ かしらの権力が強くなっていく理由がよくわからない。
> After ➡ かしらの権力が強くなり，むらからくにが形成されていく様子を実感をとおして理解できるようになる。

子どもは，農耕が始まって米づくりに適した土地や水を求めてむら同士の争いが起こるようになったことは，比較的容易に理解できる。しかし，その争いによってかしらの権力が強くなり，むらがくにへと発展していくことは，納得できないことが多い。「権力が強くなる」という概念は，子どもの経験とかけ離れたものなので，なかなか理解できないのは当たり前のことなのだろう。わたしは，6年生の社会科の冒頭，権力と権威を次のように説明してから歴史の学習を始めるようにしている。

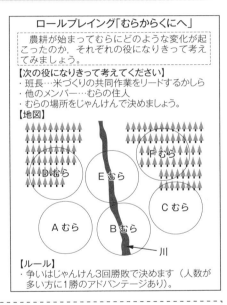

> 権力…いやでも言うことをきかせる力。のび太にとってのジャイアン。
> 権威…心から言うことをきかせる力。のび太にとってのしずかちゃん。

その上で，歴史学習のスタートである本小単元では，上記の設定でのロールプレイングで，かしらの権力が強くなりむらがくにへと発展していく過程をできる限り単純化して再現し，実感をとおして理解できるようにする。

本時の展開例（4／7）

ステップ1 ロールプレイング「むらからくにへ」の設定などを理解する。

　最初に，前時の学習を振り返り，どうして争いによって豪族や王が現れるようになったのか，ロールプレイングで確かめることを伝える。次にロールプレイングの設定などを説明し，むらの場所を決めさせる。

T　かしら同士のじゃんけんで，むらの場所を決めます。
C　やったあ，Bむらだ！　川があるから米づくりに適してるぞ！
C　ええ，Fむらか。田にする土地がほとんど無いよ。

ステップ2 ロールプレイングを行う。

【シナリオ】
1　米づくりに適した平地が少ないむらでは，毎年のように食料不足が起こっています。どうやってむらの人々を守るか，かしらを中心に話し合ってください。
2　川のないむらでは，毎年のように水不足が起こり米があまりとれません。どうするか，かしらを中心に話し合ってください。
3　今年は，雨が少なく川の水もとても少ない状況です。川のあるむらの人は，どうしますか？
4　むらの人口が増え食料が不足するようになりました。田を増やそうにもむらにはその分の土地がありません。どうしますか？

　左のシナリオに沿って，ロールプレイングを行わせる。その際，電子黒板に地図を示し，その時々のかしら・豪族・王の権力の範囲を色分けして塗りつぶすことで，むらからくにが形成されていく様子を理解させる。

T　（シナリオ1を提示して）それでは，シナリオ1を読んでください。当てはまるむらの人は，手を挙げてください。
C　（DむらとFむらの子どもが挙手し）わたしたちのむらのことだと思います。
T　どうするか話し合ってください。
C　（Dむらのかしら）ぼくたちは，がんばって木を切って耕地を広げます。
C　（Fむらのかしら）わたしたちは，食料不足は命に関わるので，Eむらを攻めます。

T それでは、FむらとEむらの争いです。むらの人数は同じなので、じゃんけん3回勝負で争ってください。

C （Fむらのかしら）やったぁ！　勝ったから、わたしたちの土地が広がる。

C （Eむらの住人）これからぼくたちは、Fむらのかしらの命令に従うことになるんだな。

T では、Fむらのかしらの権力がどこまで広がったか、黄色で塗りつぶします（電子黒板上でFむらとEむらの場所を黄色で塗りつぶす）。

C おお、大きなむらになった！

T それじゃあ、次にシナリオ2を読みましょう。

ステップ3 ロールプレイングを振り返り、邪馬台国や卑弥呼について調べる。

　ロールプレイングを振り返り、わかったことや感じたことをノートに書かせる。そして、実際の王の例として邪馬台国の卑弥呼を紹介し、資料で調べさせる。

T ロールプレイングをして、どんなことがわかりましたか？

C 争いをして勝ったむらのかしらの命令を聞く人がだんだん増え、権力が強くなっていくのがわかりました。あと、むらの土地も広がっていきました。

T いくつかのむらを従えたかしらを豪族と言います。途中、Fむらのかしらは、Eむらも従え豪族になっていました。

C 最後、○○さんは、全てのむらを従えたので、すごいなあと思いました。

T そうですね、○○さんはこれらのむらを全て従えていたので王になりました。そして、この水色の土地は全て王の土地なので、むらからくにになったと言えます。

第2章　6つの視点で授業改善！主体的・対話的で深い学びの実践例● 111

第6学年 武士の世の中へ 全5時間

武士の暮らし，源平の戦い，鎌倉幕府の始まり，元との戦いについて調べ，幕府と御家人の関係を考え，武士による政治が始まったことを理解できるようにする。

教材観・単元指導計画

　本小単元では，幕府と御家人の関係を考えさせながら源平の合戦や鎌倉幕府の成立，元寇について調べさせることで，ご恩と奉公を基盤とした武士による政治が始まったことを理解させる。

　具体的には，小単元の始めに普段は農業を営んでいる武士の暮らしを追究させ，武士による政治が展開される中，武士がなぜ領地を大切にしたのか，その理由に気づかせる。源平の合戦に関しては，義経の活躍ばかりを扱うのではなく，貴族の政治を真似て反感を買った平氏と東国の武士たちの領地所有を認め協力を得た源氏を比べさせ，武士の世の中の始まりを捉えさせる。そして，小単元の最後には，元寇では新たな領地を得られなかった幕府が，御家人に十分なご恩を与えることができず，それが幕府の滅亡につながったことを理解させ，武士の世におけるご恩と奉公の関係の重要性を実感させる。

時	学習問題	主な学習活動	視点
1	○武士は，どのような暮らしをしていたのだろう。	○「武士のやかたの様子（想像図）」を見て，気づいたことや疑問を話し合い，学習問題を設定する。 ○武士の暮らしを調べる。 ○武士がどのようにして権力を強くしていったのか，平氏による政治の始まりについて調べる。	
2	○なぜ，源氏は平氏を倒すことができたのだろう。	○12世紀後半の年表から，学習問題を設定する。 ○東国の武士たちが，自分たちの領地を認めてくれる源氏のもとに集まったことを調べる。 ○源平の合戦の様子について調べる。	②
3	○源頼朝は，どのようにして武士たちを従えていったのだろう。	○源頼朝が，全国の武士を従える最高の地位である征夷大将軍に任命されたことを調べ，学習問題を設定する。 ○ご恩と奉公の関係，守護・地頭の配置について調べる。 ○承久の乱での北条政子の訴えを読む。	
4・5	○なぜ，鎌倉幕府が滅びたのだろう。	○年表から学習問題を設定する。 ○年表を見ながら，鎌倉幕府が滅びた理由を予想する。 ○元寇と元寇後の幕府と御家人の関係を調べる。 ○なぜ，幕府はご恩として御家人に領地を十分に与えなかったのか理由を考える。	③ ⑥

本単元のキーとなる視点

視点6 なぜ，元寇の後，幕府は御家人に十分なご恩を与えなかったのか，その理由を考えさせる。

> Before ➡ 学習問題は解決したものの，何だかすっきりしない状態。
> After ➡ 鎌倉幕府が滅びた理由が詳しくわかり，達成感が味わえる。

本小単元の第4・5時における子どもの思考の変化を大まかに示すと，次の1〜3のようになると思われる。

1 何で鎌倉幕府が滅びたんだろう？
2 年表に「元がせめてくる」と書いてあるから，たぶん鎌倉幕府が元に負けたんじゃないのかな。
3 あれ，嵐に襲われるなどして元軍は二度とも大陸に引き上げたみたいだぞ？　幕府は負けていないのに，なぜ滅びたの？

しかし，この3の疑問に対し，多くの教科書や資料集には，次のような説明しか書かれていない。

> 御家人は命がけで元軍と戦ったが，ご恩として領地を与えられたものは少なかった。そこで，幕府に不満をもつ御家人が増えてきた。

つまり，なぜ幕府が御家人に十分なご恩を与えなかった（与えられなかった）のかという説明がないのである。これでは，子どもも納得して学習を終えることができないだろう。

そこで，本小単元では，教科書の記述からもう一歩踏み込んだ「なぜ？」発問をし，プラスαの学びで子どもに考えさせることにした。ご恩を与えることができなかった幕府側の理由に気づかせることで，子どもに学習後の達成感を感じさせることができると思われる。

本時の展開例（4・5／5）

ステップ1 教科書の年表から学習問題を設定し，予想を立てる。

　まず，前時の学習を振り返り，鎌倉幕府がご恩と奉公の関係を基盤に強固な政治体制を築いたことを確認する。次に，教科書の年表を見させ，学習問題を設定させる。そして，学習問題に対する予想を考えさせ，話し合わせる。

T　この年表を見て疑問に思うことはありますか？
C　なぜ，鎌倉幕府が滅びたのか知りたいです。
T　それでは，その疑問を学習問題にしましょう。次に，予想を立ててください。
C　わたしは，鎌倉幕府が戦いに敗れたからだと思います。
C　ぼくは，年表に「元がせめてくる」と書いてあるので，その戦いに敗れたのだと思います。
C　質問ですが，元とは，どこかの国ですか？

ステップ2 元寇や元寇後の幕府と御家人の関係について調べる。

　元が攻めてきたことが幕府の滅亡へとつながったのではないかと話し合いで予想が絞られたら，元軍と戦う竹崎季長の絵を見せ，元寇に関心をもたせる。そして，元という国や元寇について動画なども活用しながら詳しく調べさせる。その後，調べたことを発表させ，竹崎季長の話を例に元寇後にご恩をもらえた者がわずかで，幕府に不満をもつ御家人が増えたことを確認する。

T　元が引き上げた後のことについて，何かわかったことはありましたか？
C　最初に見た絵の武士が竹崎季長という御家人で，命がけで戦ったのに褒美がもらえず，鎌倉まで出かけていって幕府に手がらを訴えて，やっと

領地をもらったことがわかりました。

C 元との戦いの後，ご恩をもらえた御家人は少ししかいなくて，そのことで幕府に不満をもつようになったことがわかりました。

C わたしの資料には，そのことでご恩と奉公の関係が崩れ，鎌倉幕府が滅びたと書いてありました。

ステップ3 鎌倉幕府が御家人にご恩を与えなかった理由を考え，学習をまとめる。

　改めて，子どもに疑問が残っていないか聞き，なぜ鎌倉幕府が御家人にご恩を与えなかったのか考えさせ，話し合わせる。教師は，これまでの戦いとの違いが明らかになるよう話し合いを支援する。そして，話し合いが結論を得たら，元寇後に鎌倉幕府が出した徳政令のことを補足説明し，まとめをノートに書かせる。

T 元が引き上げた後，鎌倉幕府が御家人にご恩を十分に与えなかったから，ご恩と奉公の関係が崩れ，鎌倉幕府が滅びたということらしいのですが，何か疑問がある人はいませんか？

C はい。なぜ，鎌倉幕府が御家人にご恩を与えなかったのか疑問です。今までは領地を与えて，言うことを聞かせてきたのに…

T そうですよね。では，なぜあまり領地を与えなかったのか，まずは，グループで話し合ってみてください。

C 領地をあげるのがだんだん惜しくなってきたのかな？

T 今までの戦いとどこが違うのかな？

C 今までは国内の戦いだったけれど，今回は外国から攻めてきた。

C 一生懸命守って敵も引き上げていったけれど，勝ったわけではない。

C 負けてはいないけれど，幕府の領地が増えたわけではない。

C なるほど，御家人にあげる分の領地がなかったんだ！

第2章　6つの視点で授業改善！主体的・対話的で深い学びの実践例 ● 115

第6学年 今に伝わる室町文化 全4時間

室町時代の文化について調べ，義満が金閣を建築できた理由や義政が簡素な銀閣を建てさせた理由，室町文化が大衆化した理由を考え，今日の生活文化につながる室町文化が生まれたことを理解できるようにする。

教材観・単元指導計画

本小単元は，足利義満の強力な権威・権力のもと発展した北山文化の例として金閣を，禅宗の影響を受けわび・さびの世界が色濃く影響している東山文化の例として雪舟の水墨画と銀閣を主な教材として構成する。更には，祭りや狂言を教材に，この頃の文化が大衆に広がり現在に受け継がれてきた理由を考えさせる。

豪華絢爛な金閣，それとは対照的な銀閣。現在にも受け継がれる東山文化の世界観を「わび・さび」「幽玄」といった言葉で子どもに理解させることは難しい。そこで，水墨画体験を設定し，水墨画と銀閣，更には石庭・茶の湯などにも共通する美意識を体験を通して感じ取らせるようにする。

時	学習問題	主な学習活動	視点
1	○なぜ，足利義満は金閣を建てさせることができたのだろう。	○室町幕府の苦しい財政事情と総工費600億円の金閣の様子を資料から読み取り，学習問題を設定する。 ○もしも自分が当時の守護大名だったら，どんな場合に金閣建築に協力するか考える。 ○義満の生涯年表などを調べる。	②③
2	○水墨画とは，どのようなものなのだろう。	○水墨画を鑑賞し，感じたことを発表し合う。 ○雪舟と水墨画についての動画を視聴する。 ○水墨画体験（「秋冬山水図」の模写）をする。	④
3	○なぜ，足利義政の銀閣は地味なのだろう。	○もしも自分が義満の孫で8代将軍になったら，どんな家を建てさせるか考える。 ○銀閣の写真を見て学習問題を設定する。 ○もし自分が家を建てるとしたら，どんな場合に豪華でなく地味なものにするか考える。 ○義政の生涯年表や東山文化の資料などを調べる。	②③
4	○なぜ，農民や職人が祭りや狂言を楽しめるようになったのだろう。	○今に受け継がれる室町文化を調べる。 ○現在と室町時代の祇園祭の様子，狂言の動画から学習問題を設定する。 ○農民の生産を高める工夫，室町時代の農民の食事，まちの様子などを資料で調べる。	⑥

本単元のキーとなる視点

視点2 それまでの学習内容や生活経験にもとに銀閣の姿を予想させた上で写真を提示し，学習問題を発見させる。

> Before ➡ 金閣と銀閣の見た目の違いに驚きはするものの，学習問題の発見には至らない。
> After ➡ 銀閣の写真が提示された瞬間に子どもから「どうして？」との疑問の声が上がり，学習問題を発見できるようになる。

　豪華絢爛な金閣と簡素で静寂な銀閣，初めて見た時には，誰もがこの対照的な姿に驚きを感じたのではないだろうか。本時は，その素朴な驚きを学習問題へつなげようと構想したものである。

　導入段階で対照的な2枚の写真を提示し学習問題を発見させる手法は，社会科ではよく見受けられる手法である。しかし，実際に授業でやってみると，子どもの発言は驚きの感想で留まり，問題発見にはなかなか至らないことが多い。問題発見につなげる演出の一工夫が必要なのである。

　そこで，本時では，銀閣の写真を提示する前に，「もしもみなさんが義満の孫で8代将軍である義政だったら，どんな家を建てさせますか？」という発問をし，銀閣の姿を予想させることにした。多くの子どもは，寝殿造りや金閣の学習あるいはこれまでの生活経験をもとに，「豪華で大きな家だと思う」「銀の家！」などと予想するであろう。「権力者の孫の家なんだから，きっと豪華絢爛な建物に違いない」そんな思いをもって銀閣の姿に注目させるのである。すると，簡素な銀閣の姿を見た際に，自分たちの予想が覆されたことに対する「なぜ？」という問題意識が自然に生まれる。簡単な発問を1つ加えるだけであるが，子どもに学習問題を発見させる上での効果は大きい。

本時の展開例（3／4）

ステップ1 もしも自分が足利義政だったらどんな家を建てさせるか考えた上で銀閣の写真を見て，学習問題を設定する。

　金閣の写真を提示し，改めて足利義満が金閣を建てさせることができた理由を確認する。そして，足利義政の肖像画を提示し，もしも自分が義満の孫である義政だったら，どんな家を建てさせるか考えさせる。総銀箔塗りなど豪華絢爛な家を想像する意見が多数出されたところで，銀閣の写真を提示し，本時の学習問題を考えさせる。

T　もしもみなさんが足利義満の孫で8代将軍である義政だったら，どんな家を建てさせますか？
C　敵に攻撃されても大丈夫なように頑丈な家を建てさせます。
C　思いっきり豪華なのを建てさせます。
C　銀色の家を建てさせると思います。おじいちゃんが金だから，孫としてちょっと控えめに……
T　実は，足利義政が建てさせた家は現在も京都に残っています。これです。（写真を提示して）現在は「銀閣」と呼ばれています。
C　えー。ぜんぜん銀じゃない！
C　普通の家みたい。とっても地味な感じ。
T　今日はどんな学習問題で勉強したいですか？
C　なぜ，足利義政の銀閣は地味なのか知りたいです。

ステップ2 自分だったらどんな時に地味な家を建てる考えながら，予想を立てる。

　自分だったらどんな時に地味な家を建てるか考えながら予想を立てるよう

に指示する。次に，話し合いによりお互いの予想を検討させる。

T 自分だったらどんな時に地味な家を建てるか考えながら，予想を立ててみましょう。
C その頃，地味なのが流行っていたからだと思います。
C ぼくは，義政の権力が弱かったからだと思います。
C わたしは，命を狙われていたからだと思います。
T では，予想について話し合いましょう。
C わたしは，水墨画も白黒で地味な感じだったので，地味なものが流行していたのだと思います。
C もし命を狙われていたのであれば，京都には建てないと思います。

ステップ3 義政の生涯年表と義政も熱中してた当時の文化を調べ，本時の学習をまとめる。

義政の権力が弱かったからという仮説と地味なものが流行っていたからという仮説を確かめさせるために，義政の生涯年表と京都で流行し義政も熱中していた文化の資料を調べさせる。仮説が確かめられたら，ノートに本時のまとめを書かせる。

T 資料からわかったことを発表してください。
C 銀閣を建てる前に応仁の乱があり，幕府の権力は衰えていました。
C 義政は，当時流行していた水墨画や茶の湯，能や石庭にも熱中していました。
C どれも静かで地味な雰囲気がする文化だと感じました。
C わたしたちの仮説は正しいと思います。
T それでは，学習問題に対するまとめをノートに書いてください。

第6学年 江戸幕府と政治の安定 全6時間

江戸幕府の始まり、幕府の政策や身分制について調べ、江戸幕府の世の中が長期間続いた理由を考え、武士による政治が安定したことを理解できるようにする。

教材観・単元指導計画

本小単元は、家康が江戸幕府を開くまでの過程、及び3代将軍家光までの時代に江戸幕府が行った参勤交代などの政策を主な教材として構成する。

具体的には、単元を通して江戸幕府が鎌倉幕府や室町幕府と比べ長い間権力を持ち続けていた理由を追究させる中で、先述した諸政策それぞれの目的を考えさせ、幕府が安定した政治体制を築き上げたことを理解させる。

なお、諸政策について考えさせる際は、幕府の立場だけでなく百姓らの立場から、その政策をどう思っていたか想像させ、生活を制限されたり差別されたりする人間の気持ちにも気づかせるようにしたい。

時	学習問題（◎単元を貫く学習問題）	主な学習活動	視点
1	○徳川家康は、どのようにして江戸幕府を開いたのだろう。	○戦国時代の年表から学習問題を設定する。 ○家康の人物年表などで調べる。	
2	◎なぜ、江戸幕府は約260年も続いたのだろう。	○鎌倉・室町・江戸幕府がそれぞれどれくらい続いたのか紙テープで年数を表して、学習問題を設定する。 ○江戸時代の年表を見ながら、予想を立てる。 ○参勤交代について資料で調べる。	② ③ ④
3	⇩ ○なぜ、大名は江戸の行き帰りを急いでいたのだろう。	○大名行列の絵、各藩の大名行列の所要日数、朝の出発時刻などを調べ、学習問題を設定する。 ○大名の参勤交代にかかる費用などを調べる。 ○なぜ、幕府が莫大な費用のかかる参勤交代を大名にさせたのか、理由を考える。	② ③ ⑥
4	⇩ ○なぜ、江戸幕府は人々にキリスト像を踏ませたのだろう。	○踏み絵の絵を見て学習問題を設定する。 ○鎖国令について調べる。 ○なぜ、中国・オランダとの貿易を出島で行ったのか理由を考える。	② ③ ⑥
5	⇩ ○なぜ、江戸幕府は百姓の生活を厳しく制限したのだろう。	○「百姓の生活の心得」を読み、学習問題を設定する。 ○江戸時代の身分制度や五人組について調べる。	② ③
6	⇩	○小単元の学習を振り返り、グループごとに江戸幕府の政策とその効果を表にまとめる。 ○お互いのグループの表を見せ合い、意見や質問を伝え合う。 ○他のグループの意見を受けて、表を修正する。	⑤

本単元のキーとなる視点

視点5 江戸幕府の政策とその効果を表にまとめさせることで,小単元の学習内容を整理させる。

> Before ➡ 江戸幕府の政治が長期間安定した理由について,断片的にしか説明できない。
> After ➡ 江戸幕府の諸政策を自分なりの観点で分類し,整理して説明できるようになる。

長時間かけて学習問題を追究し,たくさんのことがわかればわかるほど,子どもの知識は断片的なものになりがちで,学習内容を整理して説明するのも難しくなっていく。

そこで,本小単元では,終末の段階で,グループごとに上のような表を作成させ,江戸幕府が260年間続いた理由を子どもの手で整理させることにした。

【記入例】
江戸幕府が260年間続いた理由

幕府がしたこと	そうしたことによって...
大名が2つ以上の城を持つことを禁止した。	大名が勝手に戦の準備ができないようにした。
	大名の権力が強くならないようにした。
大名が許可無く結婚するのを禁止した。	大名が親せきになって協力しないようにした。
外様大名を江戸から遠くに配置した。	大名が江戸を攻めようとするのを防いだ。
	攻められても近くの大名に守ってもらえる。

表の作成にあたっては,模造紙にタイトルと表の枠を書かせ,大きめの付箋紙に幕府がしたこととその効果(結果)を書かせる。付箋紙に書かせることによって,貼る場所を移動させて効果・ねらいが似ている政策をまとめたり,より適切な表現の付箋紙に貼り換えたりすることができるようになる。つまり,子ども同士の対話的な学びを活性化することができるし,知識の整理(構造化)を促すこともできる。

本時の展開例（6／6）

ステップ1 グループごとに小単元の学習を振り返りながら，江戸幕府の政策とその効果（結果）を表にまとめる。

　最初に，完成した表は来年度の6年生の社会科資料として活用することを伝え，子どもに表作成の相手意識・目的意識をもたせる。次に，2色の付箋紙を活用させながらグループごとに表をつくらせる。

C　それじゃあ，ぼくはピンクの付箋紙に江戸幕府がしたことを書いていくよ。まずは，大名が2つ以上の城を持つことを禁止した…

C　あっ，そのこと確か前にノートに書いた！　そうしたことによって，勝手に戦いの準備をしたり，領地を増やしたりできないようにした。水色の付箋紙に書けばいいんでしょ。

C　それから，大名やその家族は幕府の許可無く結婚できないようにしたよ。

C　それは，親戚関係になって手を結ばないようにするため。

C　わたしは，まとめて言えば，どちらも大名の権力が強くならないようにするためだと思うんだけど。

C　だとすると，ちょうど真ん中のところに付箋紙を貼ろうよ。

ステップ2 お互いの表を見せ合い，意見や質問を伝え合う。

　概ね完成に近づいたら，それぞれの表を広げて置かせ，他のグループの表を順番に見て回らせる。その際，3色目の付箋紙を持たせ，意見や質問を記入して貼らせるようにする。

C　このグループは，幕府が大名にしたことと百姓にしたことを順番に分けて表にしたんだね。これだと，来年の6年生もわかりやすいかも。

C　外様大名を遠くに配置したことは書いてあるけれど，幕府の直轄地については何も書かれていないなぁ。そうしたことで，金などを独り占めしたのに……

C　この2つの間に付箋紙を貼る方法はいいなあ。ぼくたちも真似してみればいいんじゃない？

C　大名の権力が強くならないようにって，他に参勤交代も関係あるんじゃないかな？　大名行列でお金をたくさん使わせたのも1年おきに江戸に来させて監視したのもそういうねらいでしょう？

ステップ3　他の意見を受けて，表を修正し完成させる。

　他のグループの表を見て回ったら，自分たちのところに戻り，3色目の付箋紙に書かれた意見・質問，他の表を見てなるほどと思ったことを参考にして表を修正，完成させる。

C　おっ，いっぱいクリーム色の付箋が貼られているよ。
C　なるほど，参勤交代もよく考えれば大名の権力が強くならないようにしたことだよね。
C　付箋紙を貼る順番を変えればいいと思うよ。
C　それから，ここは矢印でつなげればわかりやすくなる！
C　「権力」で思い出したんだけれど，キリスト教を禁止したのって，「権威」に関係あるんじゃないかな？
C　それは，どこのグループも書いていなかったね。

第6学年 町人の文化と新しい学問 全5時間

浮世絵や日本地図について調べ，浮世絵が人々に親しまれた理由や正確な地図を書くことができた理由を考え，社会が安定するにつれて町人の文化が栄え，新しい学問がおこったことを理解できるようにする。

教材観・単元指導計画

本小単元は，歌川広重の「東海道五十三次」と伊能忠敬の日本地図を主な教材として構成する。

「東海道五十三次」が当時大ヒットした理由としては，作品の素晴らしさはもちろんのこと，大量印刷による手軽な価格，そして，芸術・芸能や旅などを楽しめるようになった町人の生活の安定が挙げられる。前小単元で学習した幕府の厳しい身分制度からはなかなか想像できない，この時代背景を子どもにしっかり理解させたい。

また，日本地図に関しては，どうしても伊能忠敬の人物像や努力のみに注目が集まりがちだが，その精密な測量技術のもとになったのは蘭学であることに気づかせたい。そのことで，新しい学問が当時の社会に大きな影響を与えたことに気づかせることができると思われる。

時	学習問題	主な学習活動	視点
1	○歌川広重は，どのようにして「東海道五十三次」を完成させたのだろう。	○「東海道五十三次」が木版画であることを知り，学習問題を設定する。 ○浮世絵の制作過程や広重の生涯，浮世絵の販売の様子などについて調べる。	②
2	○なぜ，「東海道五十三次」が当時の町人の間で大ヒットしたのだろう。	○「東海道五十三次」がのべ2万枚以上販売された事実から学習問題を設定する。 ○もしも自分が当時の町人だったら，どんな場合に浮世絵を買うか考える。 ○浮世絵の価格や町人の生活などについて調べる。	② ③
3・4	○なぜ，伊能忠敬は正確な日本地図をかくことができたのだろう。	○忠敬以前の地図と忠敬の地図とを比べ，学習問題を設定する。 ○地図づくりの方法や道具，忠敬が学んだ蘭学，地図づくりへの幕府の支援などについて調べる。 ○なぜ，正確な地図を書くことができたのか話し合う。	② ③
5	○江戸時代，浮世絵や蘭学以外にどのような町人文化や学問がおこったのだろう。	○歌舞伎や国学について調べ，調べたことを記事カードにまとめる。	

124

本単元のキーとなる視点

視点3 「もしも自分が当時の町人だったら……」という視点で予想を立てさせ，絞り込みの話し合いをさせる。

> Before ➡ 思いつきの予想しか立てられず，話し合いが深まらない。
> After ➡ 一人ひとりが消費者としての自分の経験をもとに予想を立てられるようになり深まりのある話し合いになる。

　本時の「なぜ，『東海道五十三次』は町人の間で大ヒットしたのだろう」という学習問題に対し，教師がただ予想を立てるように指示した場合，子どもはどのような反応を示すだろう。多くの子は，「絵が上手だったから」といった思いつきの予想しか立てられないのではないだろうか。このような状況では，その後の話し合いにも深まりは期待できない。

　そこで，本時では，予想を立てさせる際に「もしもみなさんが当時の町人だったら，どんな場合に浮世絵を買いますか？」という発問を子どもに投げかけることにした。この発問には大きく2点の効果があると思われる。

　第一に，当時の町人の視点から考えるように，子どもを容易に導くことができる。「東海道五十三次」大ヒットの理由に関しては，町人の視点から考えなければ解決が難しい。しかし，「町人の立場になって考えてごらん」と言っても，社会科の苦手な子どもにはその意図するところがよく伝わらない。そのような子には，「もしもみなさんが当時の町人だったら……」と具体的に問うことが必要なのである。

　第二に，子ども一人ひとりの消費者としての経験を引き出すことができる。なぜなら，「もしもわたしが当時の町人だったら……」と考える際のもとになるのは，全て子どもの経験だからである。「安ければ買う」「お小遣いにゆとりがあれば買う」「流行しているのであれば，無理してでも買う」このような意見は，全てその子どもの消費者としての経験に基づいている。

本時の展開例（2／5）

ステップ1 「東海道五十三次」の販売枚数から学習問題を設定する。

　6年生の子どもにとっては驚きの事実であろう「東海道五十三次」が推定でのべ2万枚以上印刷・販売されたという資料を提示し，学習問題を見つけさせる。

T　みなさんも図工の時間に木版画をつくりましたが，その時は何枚くらい作品を完成させましたか？
C　3枚刷りました。
T　では，「東海道五十三次」は何枚くらい刷られたと思いますか？
C　何枚か試すと思うけど，残すのはその中の1枚じゃないかな。
C　5～10枚くらいだと思う。
T　資料を見つけてきたので見せますね（「推定でのべ2万枚以上印刷され，主に町人向けに販売された」という資料を提示する）。
C　え～！　そんなに多いの！　予想よりはるかに多い！
C　2万枚売れたなんて大ヒットだ！
T　今日は何を調べたいですか？
C　なぜ，「東海道五十三次」がそんなに大ヒットしたのか調べたいです。

ステップ2 「もしも自分が当時の町人だったら……」という視点で予想を立て，話し合いにより絞り込む。

　学習問題設定後，「もしも自分が当時の町人だったら……」という視点で各自に予想を立てさせ，発表させる。そして，話し合いにより予想を絞り込ませ，その後の追究の見通しをもたせる。

T それでは，みなさんが立てた予想について話し合いましょう。

C ぼくは，歌川広重の絵が素晴らしかったから大ヒットしたという予想に賛成です。ゴッホが真似するくらいだから，町人も感動したと思います。

C 安かったからという予想に賛成です。雪舟とかの作品と違って大量につくることができるから，きっと安かったと思います。

C もしもわたしが当時の町人だったら，たとえ安くてもお金に余裕がなかったら買いません。

C わたしもお小遣いに余裕がない時は，安いものでも我慢するので，江戸時代の町人も同じだと思います。

C 例えば，その時に流行っているものや自分の好きなものが描かれていたら買うと思います。

ステップ3 浮世絵の価格や町人の生活について調べ，まとめを書く。

　浮世絵の価格（現在の金額に直すと数百円程度），町人の生活の様子（歌舞伎や花見，グルメも楽しむ生活），当時の旅行ブームの資料を配付し予想を確かめさせ，発表させる。そして，本時の学習問題に対するまとめを各自ノートに書かせる。

T 資料で皆さんの予想を確かめることができましたか？

C 浮世絵は，気軽に買えそうな安い価格でした。

C 当時の町人は，歌舞伎や花見を楽しんだり，グルメを楽しんだりする生活の余裕があったことがわかりました。

C お伊勢参りなどの旅が流行していて，浮世絵が江戸のお土産に買われることも多かったことがわかりました。

T それでは，今日の学習をまとめましょう。

想定されるまとめ（例）

> 「東海道五十三次」が町人の間で大ヒットした理由は4つある。1つ目は，作品のとても素晴らしいものだったから。2つ目は，大量に印刷され安かったから。3つ目は，浮世絵を買うだけの余裕が町人の生活にあったから。4つ目は，当時の町人の間で旅行が流行していたから。

第2章　6つの視点で授業改善！主体的・対話的で深い学びの実践例 ● 127

第6学年　世界に歩み出した日本 全7時間

不平等な条約内容や改正までの歩みについて調べ、改正が達成達成した理由を考え、国力が充実し国際的地位が向上したことを理解できるようにする。

教材観・単元指導計画

本小単元の指導にあたっては、①江戸時代に結んだ不平等条約により長い間苦しめられたこと、②改正までの道のりが容易でなかったこと、③帝国主義の国際情勢を背景に改正が達成できたことの3点を、子どもにしっかりと理解させたい。

そこで、①に関しては、ノルマントン号事件を教材に領事裁判権を認めていたことの理不尽さを、また、ロールプレイング体験をとおして関税自主権がないことの不利益を理解させる。②に関しては、井上馨の欧化政策を教材に授業を構成する。そして、③に関しては、当時の帝国主義勢力図を資料として示すことで、国際情勢を常に念頭に置いて追究が展開できるようにする。

時	学習問題	主な学習活動	視点
1	○なぜ、ノルマントン号の船長らは軽い刑で済んだのだろう。	○ノルマントン号事件を描いた風刺画を見て船長らの刑を調べ、学習問題を設定する。 ○軽い刑で済んだ理由を予想する。 ○日米修好通商条約の内容などを調べる。 ○不平等な条約を結ばされた理由を調べる。	②
2	○関税自主権がないとどのようなことが起こるのだろう。	○関税自主権がある場合とない場合のロールプレイングを行う。 ○ロールプレイングを振り返る。	④
3	○なぜ、井上馨は国のお金をたくさん使って鹿鳴館を建て、舞踏会を開いたのだろう。	○鹿鳴館の写真と舞踏会の絵を見たり、鹿鳴館のことを調べたりして、学習問題を設定する。 ○毎晩のように舞踏会を開いた理由を予想する。 ○井上馨の欧化政策とその結果について調べる。	② ③
4-7	○なぜ、小村寿太郎は条約改正を達成することができたのだろう。	○明治時代の帝国主義勢力図を見て、不平等条約の相手国の領土を調べる。 ○条約改正交渉の歩みを調べ、学習問題を設定する。 ○その頃の年表を見ながら、もし自分が相手国の大統領だったら、どんな場合に条約改正を認めるか考え、学習問題に対する予想を立てる。 ○日清・日露戦争について調べる。 ○国際社会で活躍した日本人科学者について調べる。 ○韓国併合について調べる。 ○条約改正を達成できた理由を考え、学習をまとめる。	② ③ ⑤

本単元のキーとなる視点

視点4　関税自主権がある場合とない場合をロールプレイングで体験させ，その不利益を実感をとおして理解させる。

> **Before** ➡ 「不平等条約→関税自主権」とただ丸暗記するしかない。
> **After** ➡ 関税自主権がないことの不利益を実感をとおして理解し，条約改正の必要性が具体的にわかるようになる。

　みなさんは，「不平等条約は領事裁判権と関税自主権」と丸暗記したことがないだろうか。あるいは，丸暗記させたことはないだろうか。これまでの授業では，領事裁判権があったのか，なかったのか，関税自主権があったのか，なかったのかもよくわからないままに，まるで何かの呪文のように繰り返し唱えさせ覚えさせることが少なくなかった。中でも，関税自主権に関しては，領事裁判権を認めていたことで大問題となったノルマントン号事件のようなわかりやすい教材がなかったため，その傾向が強かったように思われる。

　そこで，本小単元では，右のような配役と場面設定で関税自主権がある場合とない場合のロールプレイングを行わせることにした。この体験により，関税自主権がないことの不利益が具体的にわかるようになり，条約改正を目指して長年にわたり苦労を重ねた明治政府の切実さも考えられるようになると思われる。

ロールプレイング「関税自主権がないと…」

　関税とは，輸入する品物にかける税金のことです。この関税を何％にするか，自主的に決められる場合と決められない場合では，どんなちがいがあるのか，それぞれの役になりきって考えてみましょう。

【次の役になりきって話し合ってください。】
A・E…日本の糸工場の社長
B…日本政府の人
C…アメリカの糸工場の社長
D・F…アメリカ政府の人

【場面設定】
・アメリカの糸工場の社長と政府の人は，日本にできるだけ多くの糸を売りたいと考えている。
・日本の糸工場の社長と政府の人は，アメリカからの輸入をあまりせずに，日本の糸をできるだけ多く売りたいと考えている。
・日本製もアメリカ製もどちらも品質はかわらないので，日本の消費者は安い方を選ぼうと考えている。
・日本の糸工場は手づくりであまり多く生産できないので，損しないためには1本につき120円の収入が必要である。
・アメリカの糸工場は大量生産できるので，1本につき100円の収入が必要である。

本時の展開例（2／7）

ステップ1　設定などを理解し，シナリオ1のロールプレイングを行う。

　まず，本時の学習問題を確認し，グループごとに配役を決めさせる。次に，場面設定を確認し，シナリオ1でロールプレイングを行わせる。

- C　日本の糸工場としては，アメリカの糸が120円より安く売られれば日本の糸が売れないので，それよりも高くなる関税にしてほしいです。
- C　じゃあ，日本政府は関税を25％にします。
- C　その関税では，アメリカの糸工場は日本には輸出しません。だって，せっかく輸出しても売れないから。

【シナリオ1（関税自主権がある場合）】
・日本政府の人は，日本の糸工場の社長の意見を聞きながら，糸に何％の関税をかけるか決める。そして，アメリカ政府の人とアメリカの糸工場の社長に伝える。
・アメリカの糸工場の社長は，その税率で日本に糸を売るか考える。

【シナリオ2（関税自主権がない場合）】
・日本政府の人は日本の糸工場の社長の意見を聞きながら，アメリカ政府の人はアメリカの糸工場の社長の意見を聞きながら，糸に何％の関税をかけるか話し合う。
・意見を対立させて終わるのではなく，何％だったらお互いが納得できるか，話し合いで解決を目指していく。

ステップ2　シナリオ2のロールプレイングを行う。

　シナリオ2のロールプレイングを行わせる。その際，当時は日本政府よりもアメリカ政府の方が権力が強かったことを念頭に置かせる。また，短時間では交渉がまとまらないことも予想されるが，所定の時間で交渉を打ち切る。

【税率と値段の例】

税率	10％	20％	25％
アメリカの糸工場の収入	100円	100円	100円
日本政府がもらう税金	10円	20円	25円
日本での糸の値段	110円	120円	125円

＊この表にない税率にしてもかまいません。

- C　日本政府は25％の関税にしたいんだけれど，どうですか？
- C　アメリカの糸工場は25％だと売れなくて困るよ。10％にするよう交渉して！

C　アメリカ政府は25%では OK できません。10%を要求します。

C　日本の糸工場は手づくりだから110円ではつくれないよ！　10%になっ
　　たら，アメリカの糸ばかりが売れるようになってしまう！

ステップ3　ロールプレイングを振り返る。

　まず，個人でロールプレイングを振り返らせワークシートを記入させる。
そして，全体でわかったことなどを話し合わせる。その際，他のグループの
交渉結果をどう思うか意見を求め，それぞれの立場の人が，自分の利益のた
めにどのような判断をするのか明らかにしていく。

T　他のグループの交渉結果について，何か意見がある人はいますか？

C　わたしは，シナリオ1での3班のアメリカ糸工場の判断は，ちょっと間
　　違っていると思います。関税が25%でも日本に輸出すると返事していま
　　すが，25%だと125円なので，120円の日本製と比べて売れないからです。

C　それでも勝負しようかと思って……

C　でも，場面設定に品質は同じ，消費者は安い方を選ぶって書いています。

T　シナリオ2で交渉がまとまらなかった班がいくつかありますが，なぜで
　　すか？

C　日本政府は20%より高くしたいし，アメリカ政府は20%より低くしたい
　　から，話し合いがまとまりませんでした。

C　20%より高いとアメリカのが売れないし，低いと日本のが売れないから，
　　それぞれ譲りませんでした。

T　では，当時の日本政府とアメリカ政府の交渉で同じような状況になった
　　ら，どうなったと思いますか？

C　日本政府は，アメリカ政府の言うことを聞かなければならなかったと思
　　います。黒船で来られると困るから……

第2章　6つの視点で授業改善！主体的・対話的で深い学びの実践例● 131

第6学年 新しい日本，平和な日本へ 全6時間

日本国憲法の制定，オリンピック・パラリンピックの開催などについて調べ，短期間で戦後復興を成し遂げた理由を考え，政治や国民生活が大きく変わったことを理解できるようにする。

教材観・単元指導計画

本小単元では，日本が戦後約20年間で奇跡的な復興を遂げた理由を，日本国憲法制定などの法律や制度面，サンフランシスコ平和条約などの外交面，東京オリンピック・パラリンピックの開催に向けたインフラ整備面，そして，経済面及び国民生活面から考えさせていく。

単元の導入では，奇跡的な戦後復興をより印象的に理解させ，学習問題を発見させるために，焼け野原となっていた戦後間もなくの頃と新幹線などが整備された東京オリンピック・パラリンピックの頃の東京の写真を順番に提示し比較させる。

なお，日本国憲法の内容に関しては，この後改めて学習する単元を予定しているので，本小単元では三大原則などの概略を扱うことにとどめる。

時	学習問題（◎単元を貫く学習問題）	主な学習活動	視点
1	◎なぜ，約20年間で日本は復興することができたのだろう。	○戦後間もなくの頃と東京オリンピック・パラリンピックの頃の東京の写真を比較し，学習問題を設定する。 ○敗戦から東京オリンピック・パラリンピックまでの年表を見ながら，戦後復興の理由を予想する。	② ③
2	⇩ ○日本国憲法には，どのようなことが決められているのだろう。	○日本国憲法の内容を調べる。 ○戦後どのような改革が行われたのか調べる。	
3	⇩ ○外国とはどのような関係になったのだろう。	○サンフランシスコ平和条約や国際連合への加盟などについて調べる。	
4	⇩ ○東京オリンピック・パラリンピックとは，どのような大会だったのだろう。	○東京オリンピック・パラリンピックについて調べる。 ○東京オリンピック・パラリンピックに向けて，どのような準備が進められたのか調べる。	
5	⇩ ○日本の産業は，どのように変化したのだろう。	○高度経済成長について調べる。 ○人々の生活の変化について調べる。	
6	⇩	○なぜ，短期間で日本は戦後復興を果たすことができたのか考え，まとめの説明文を書く。	⑤

本単元のキーとなる視点

視点3 戦後復興の理由を予想する際に年表を提示し、考える手がかりにさせる。

> Before ➡ 何ら手がかりもなく、思いつきの予想しか立てられない。
> After ➡ 予想を立てるだけでなく、その後の追究に見通しがもてるようになる。

予想の段階で年表を提示するということには、違和感を感じる先生方もいることだろう。資料を提示したら、もはやそれは予想ではなく、調べる段階なのではないかと。しかし、実際の研究者たちの追究を想像してみればどうだろうか。そもそも仮説とは、様々な資料にあたったり、実験を繰り返したりしながら設定するものだと思われる。

そこで、本小単元では、個人で予想を立てる際に下の年表を提示し、考える手がかりを与えることにした。予想を立てた後、子どもに詳しく調べる必要感を感じさせるため、意図的にそれぞれの出来事の説明をほとんど入れずに簡単な年表にしている。この年表を提示することにより、子どもは戦後の復興と当時の出来事の関連を具体的に予想し、例えば、「新しい日本国憲法により平和な国づくりが行われたのでは」などと、その後の追究の視点を明らかにすることができる。

予想を立てる際に提示した年表

1945	ポツダム宣言を受け入れる。
1946	日本国憲法が公布される。
1949	湯川秀樹がノーベル物理学賞を受賞する。
1950	朝鮮戦争がおこる。
1951	サンフランシスコで平和条約を結ぶ。
1951	日米安全保障条約を結ぶ。
1956	国際連合に加盟する。
1964	東海道新幹線が開通する。
1964	東京オリンピック・パラリンピックが開かれる。

本時の展開例（1／6）

ステップ1　戦後間もなくの頃と東京オリンピック・パラリンピックの頃の写真を見て，学習問題を設定する。

　まず，戦後間もなくの頃の東京の写真を何枚か提示し，その被害の深刻さを実感させる。次に，新幹線や高速道路が開通し，高層ビルや立派な競技場が建設されにぎわう東京の写真を提示する。そして，この間20年しか経過していないことを子どもに伝え，学習問題を設定させる。

T　（2，3枚の写真を提示して）これは戦後間もなくの頃の東京の写真です。どんなことがわかりますか？　また，どんなことを感じますか？
C　見渡す限り，ほとんど建物が残っていないことがわかります。
C　「焼け野原」って言葉を聞いたことがありましたが，こういう状態のことなんだなあって思いました。
T　（東京オリンピック・パラリンピックの頃の写真を提示して）これも同じ東京の写真です。みなさん，どう思いますか？
C　高速道路もあるし，新幹線も見えます。まちがすごい賑わっている感じがしました。
C　立派な競技場があってすごいなぁと思いました。今とほとんど変わらない感じです。
T　では，それぞれの写真が撮影された年を見せますね。こちらは戦後間もなくなので，1945年。そして，こちらは東京オリンピック・パラリンピックが開かれた頃の写真なので，1965年です。この間，何年ですか？
C　えっ，20年？
T　これから何を勉強したいですか？
C　なぜ，たった20年でこんなにも復興できたのか調べたいです。

ステップ2 年表を見ながら戦後復興の理由を予想する。

　終戦から東京オリンピック・パラリンピック開催までの年表を提示し，それを手がかりに学習問題に対する予想を考えさせる。

T　それでは，年表を見ながら考えた予想を発表してください。
C　日本国憲法が出されて，国の仕組みが変わったからだと思います。
C　平和条約とか国際連合とか年表に書いてあるので，外国と仲よくなって協力してもらったからだと思いました。
C　東京オリンピック・パラリンピックが開かれるから，それに向けて頑張って準備したんだと思います。
C　新幹線が開通したので，交通が便利になって，産業が発達したんだと思います。

ステップ3 予想について話し合い，学習計画を考える。

　それぞれの予想について話し合い，この後何を調べ確かめるか学習計画を考えさせる。

T　それぞれの予想をどう思いますか？
C　わたしも「日本国憲法ができたから」という予想に賛成です。それでいろいろ国の仕組みが変わって，復興できたんじゃないかなと思います。
C　ぼくは，「東京オリンピック・パラリンピックに向けて頑張ったから」という予想に賛成です。現在も，2020年に向けて競技場を建てたり，ホテルを建てたりしているからです。
T　これから何を調べればいいと思いますか？
C　まずは，日本国憲法でどのようなことが決められているか調べたらいいと思います。

第2章　6つの視点で授業改善！主体的・対話的で深い学びの実践例 ● 135

【著者紹介】

平川　公明（ひらかわ　きみあき）
1966年（昭和41年）生まれ，秋田県能代市出身。
弘前大学大学院教育学研究科修了。
青森県内公立小学校，弘前大学教育学部附属小学校教諭を経て，現在，青森県つがる市立向陽小学校教頭。
〈共著〉
『小学校社会科 学習課題の提案と授業設計』明治図書，2009
『小学校の社会科を読み解く』日本文教出版，2009
『新社会科 "調べ考え表現する" ワーク＆学び方手引き 6年』
　　　　　　　　　　　　　　　　　　　　　　　明治図書，2011
『社会科力UP 授業が変わる地球儀活用マニュアルBOOK』
　　　　　　　　　　　　　　　　　　　　　　　明治図書，2011
『教科調査官が語る これからの授業 小学校』図書文化社，2012
『子供の思考をアクティブにする社会科の授業展開』
　　　　　　　　　　　　　　　　東洋館出版社，2016　ほか

社会科授業サポートBOOKS

6つの視点で授業改善！　主体的・対話的で深い学びを実現する小学校社会科授業プラン

2018年11月初版第1刷刊	©著　者	平　　川　　公　　明
	発行者	藤　原　光　政
	発行所	明治図書出版株式会社

http://www.meijitosho.co.jp
（企画・校正）中野　真実
〒114-0023　東京都北区滝野川7-46-1
振替00160-5-151318　電話03(5907)6702
ご注文窓口　電話03(5907)6668

＊検印省略　　　　　　組版所　藤原印刷株式会社

本書の無断コピーは，著作権・出版権にふれます。ご注意ください。

Printed in Japan　　　　ISBN978-4-18-152918-5

もれなくクーポンがもらえる！読者アンケートはこちらから　→